From the library of

SOPHENE

First published by Sophene 2022

Ghewond's History was originally written in the 8th century and was first translated into English by Robert Bedrosian in 2006.

A searchable, digital copy of this English translation can be accessed at:

https://archive.org/details/GhewondsHistoryOfArmenia

www.sophenebooks.com
www.sophenearmenianlibrary.com

ISBN-13: 978-1-925937-77-0

ՂԵՒՈՆԴԻ

ՊԱՏՄՈՒԹԻՒՆ

ՏՊԱՐԱՆ
ԾՈՓՔ
Լոս Անճելըս

Ghewond's History

IN CLASSICAL ARMENIAN
WITH AN ENGLISH TRANSLATION BY
ROBERT BEDROSIAN

SOPHENE BOOKS
LOS ANGELES

TRANSLATOR'S PREFACE

Almost nothing is known about the life of Ghewond, author of the sole 8th century Armenian history describing the Arab domination. It has been suggested that he was born in the 730s in the village of Goght'n, received his clerical education and degree of *vardapet* (doctor of the Church) in the city of Dwin, and died in the latter part of the century. His *History* covers the period from ca. 632 to 788 and includes descriptions of the Arab invasions of Armenia in the mid 7th century, the wars fought by the caliphate against Byzantium and the Khazars, the settlement of Arab tribes in Asia Minor and the Caucasus, and the overthrow of the Umayyads, as well as information on Arab tax policies, the status of the Armenian Church, and the Armenian and Arab nobilities. Ghewond is considered a trustworthy historian. He correctly lists the caliphs and the lengths of their reigns, except for the reigns of the initial three caliphs. He correctly lists the names and reigns of the *ostikans* or Muslim governors of the newly-created administrative unit called Arminiya, which included Armenia, East Iberia [Georgia], and parts of Aghuania (Atrpatakan/Azerbaijan). He was a supporter of the ambitions of the Bagratid family and, according to the colophon at the end of his *History*, wrote under the patronage of Shapuh Bagratuni, son of Smbat *sparapet* (commander-in-chief), whose activities are recorded in the work.

Ghewond's major source for the period of the Arab invasions (640-660s) was the 7th century historian Sebeos. For the first half of the 8th century, Ghewond was relying on the accounts of older contemporaries, but for the second half of

TRANSLATOR'S PREFACE

the century he himself was a bitter eyewitness. He describes the increasing harshness of Arab tax policies and the growing intolerance of individual caliphs and their governors, which triggered two unsuccessful rebellions in Armenia (747-750 and 774-775). Martyrological literature may have been a source for part of chapter 40. That chapter contains the first reference to the Armenian Era (a system of dating with A.D. 551/552 as year one) which later Armenian historians were to adopt. However, the date Ghewond provides for the martyrdom in question is incorrect. Another source which Ghewond claims—"the enemy himself"—is quite suspicious. In that passage (in chapter 34), Arab soldiers—who have just annihilated Armenian rebels—purport to have seen priests with candles, incense, and gospels encouraging their foe. This is a literary device rather than a source. Fellow clergymen, Armenian nobles, and the author's own observations seem to be principal sources for much of the 8th century. The Bible was a clear source of inspiration for Ghewond throughout his life and throughout his *History*. Our author was a fatalist and moralizer who attributed all calamities to God's vengeance. Consequently, he had no sympathy for rebels, be they Armenian lords and peasants who challenged the Arab overlords, or the iconoclastic Paulician sectarians (the "sons of sinfulness") who challenged the Armenian Church in this period. In Ghewond's account, the failings of the Christian Armenians were due entirely to their own sins, but so too were the failings of the Muslim Arabs. Ghewond's worldview is consistently negative, probably a reflection of the bleakness of the period he chronicled.

GHEWOND'S HISTORY

There is some question whether Ghewond's text has reached us intact. Titles provided by some later medieval historians could imply that the work began with an account of the prophet Muhammad's life, though this is not certain. The late 13th century historian Step'annos O'rbelean, in chapter 7 of his *History of the State of Sisakan*, claimed that Ghewond's *History* contained a *gahnamak* or list of princes, but the extant text of Ghewond does not. The lack of a concluding section also seems peculiar, especially for an author so prone to moralizing. In addition to possibly missing portions, Ghewond's text may have *gained* a section (chapters 13-14), containing the lengthy correspondence between Caliph 'Umar II and Emperor Leo III, which many scholars today regard as a later interpolation. The most detailed study of Ghewond's text remains father Nerse's Akinean's *Ghewond er'ets' patmagir [The Historian Ghewond the Priest]*.[1] In a deliberately provocative section of his study Akinean suggested that Ghewond and another historian, Movse's Xorenats'i, were one and the same person. However, vocabulary, style, and worldview—among other factors—rule this out, and Akinean's proposal has found no support among scholars.

Eight of the surviving fourteen manuscripts of Ghewond's *History* are housed at the Matenadaran in Yerevan, Armenia. The oldest and most complete (ms. 1902) dates from the 13th century and seems to have been the source of the other copies, many of which are defective. The first publication of the classical Armenian text was made by Shahnazarian,[2] based on a 17th century manuscript. A better edition was prepared

TRANSLATOR'S PREFACE

by Ezean[3] and issued by Malxasean, based on several manuscripts, including the earliest. Translations have been made into French by Shahnazarian;[4] Russian by K. Patkanean (St. Petersburg, 1862); and modern Armenian by Aram Ter-Ghewondyan.[5] An English translation and scholarly commentary of chapters 13-14 was issued by A. Jeffery.[6] The first complete English translation [*History of Lewond, the Eminent Vardapet of the Armenians*] was published by father Zaven Arzoumanian,[7] and includes an introduction, valuable notes, and a map. Our translation below was made from the classical Armenian text of Ezean and excludes chapters 13-14.

For the history of the 7-8th centuries see: C. Toumanoff's article, *Armenia and Georgia*,[8] N. G. Garsoian, *The Arab Invasions and the Rise of the Bagratuni (640-884)*;[9] and A. Ter-Ghewondyan, *The Arab Emirates in Bagratid Armenia*.[10] On the Paulicians see N. G. Garsoian, *The Paulician Heresy*;[11] V. Nersessian, *The Tondrakian Movement* (chapter three);[12] and S. Dadoyan, *The Fatimid Armenians* (chapter two).[13] A fascinating history of the Paulicians and their descendants is available in Matti Moosa's important *Armenian Elements in the Beliefs of the Kizilbash Kurds*.[14] The maps and accompanying text in R. H. Hewsen, *Armenia, A Historical Atlas* (pp. 104-107)[15] also are valuable. Later epic literature, including the Armenian David of Sasun and John Mamikonean's *History of Taron*, and the Byzantine *Digenes Akrites* perhaps contain material reflecting this period.

The transliteration used here is a modification of the new Library of Congress system for Armenian, substituting **x** for the LOC's **kh**, for the thirteenth character of the Armenian alphabet (*խ*). Otherwise we follow the LOC transliteration, which eliminates diacritical marks above or below a character, and substitutes single or double quotation marks to the character's right. In the LOC romanization, the seventh character of the alphabet (*է*) appears as **e'**, the eighth (*ը*) as **e"**, the twenty-eighth (*ռ*) as **r'**, and the thirty-eighth (օ), as **o'**.

Robert Bedrosian
Long Branch, New Jersey 2006

TRANSLATOR'S PREFACE
BIBLIOGRAPHY

1. Akinean, N. (1930). Ghewond er'ets' patmagir. Hande's Amso'reay, 43-44, 1929-1930.
2. Shahnazarian, G. (1857). Arshawank' Arabats' i Hays', arareal Ghewond Vardapeti Hayots'. Paris.
3. Ezean, K. (1887). Ghewond er'ets' patmut'iwn. Saint Petersburg.
4. Shahnazarian, G. (1856). Histoire des guerres et des conquêtes des Arabes en Arménie. Paris.
5. Ter-Ghewondyan, A. (1982). Łewond. Patmut'yun. Erevan.
6. Jeffrey, A. (1944). Ghevond's Text of the Correspondence between 'Umar II and Leo III. *Harvard Theological Review, 37,* 269-332.
7. Arzoumanian, Z. (1982). History of Lewond, the eminent vardapet of the Armenians. Philadelphia.
8. Toumanoff, C. (1966). Armenia and Georgia. In J. M. Hussey (Ed.) *The Cambridge Medieval History, Volume IV* (pp. 593-637). Cambridge University Press.
9. Garsoian, N. G. (1997). The Arab Invasions and the Rise of the Bagratuni (640-884). In R. G. Hovannisian (Ed.). *The Armenian People from Ancient to Modern Times (Vol. 1).* New York.
10. Ter-Ghewondyan, A. (1965). The Arab Emirates in Bagratid Armenia. (N.G. Garsoian, Trans.). Lisbon, 1976. (Original work published 1956).
11. Garsoian, N. G. (1967). The Paulician Heresy. Paris.
12. Nersessian, V. (1987). The Tondrakian Movement. London.
13. Dadoyan, S. (1997). The Fatimid Armenians. Leiden.
14. Moosa, M. (1988). Armenian Elements in the Beliefs of the Kizilbash Kurds. Syracuse.
15. Hewsen, R. H. (2000). Armenia: A Historical Atlas. Chicago.

GHEWOND'S
HISTORY

Ա

Նախ եւ առաջին որք եւ Ամիր-ալ-մոեւմնիք անուանեցան. զի զԻ ամ կալեալ զիշխանութիւնն Մահմետ՝ մեռանի: Յետ այնորիկ փոխանորդէ զիշխանութիւնն Մահմետի Աբու-Բաքր եւ Ամր եւ Օթման, ամս ԼԸ՝ ի մետասաներորդ ամի Հերակղի աստուածապսակեալ եւ բարեպաշտ թագաւորին Հոռոմոց, որ մինչդեռ էր կենդանի աստուածապսակեալն Հերակղես՝ ոչ կարացին սփռել զասպատակս իւրեանց ի վերայ Հրէաստանի, զի Համբաւ քաջութեան նորա սփռեալ էր եւ զարհուրեցուցանէր զնոսա: Եւ նորա տիրեալ ունէր զիշխանութիւնն Հրէաստանի եւ Ասորեստանի մինչեւ ի վախճան կենաց իւրոց:

Եւ իբրեւ թագաւորեաց որդի նորա փոխանակ Հերակղի հօր իւրոյ՝ յայնմհետէ զարթոյց տէր զհոգի արանցն չարաց, զի առցէ նոքօք զվրէժխնդրութիւն յազգէն քրիստոնէից, զորս մեղաքն առաջի տեառն Աստուծոյ մերոյ: Եւ սկսան գունդ կազմել եւ զօրս գումարել ի վերայ իշխանութեանն Կոստանդնի, ի վերայ Հրէաստանի եւ Ասորեստանի. զի զպատուէր օրինադրին իւրեանց ունէին օժանդակ, զոր պատուիրեացն որոմանցն սերմանողի, թէ «ելէ՛ք ի վերայ աշխարհաց, նուաճեցէ՛ք զնոսա ընդ ձեռամբ ձերով. զի մեզ, ասէ, տուեալ է ի վայելս զպարարտութիւն երկրի. կերա՛յք զմիս ընտրելոց երկրի եւ արբէ՛ք զարիւն զօրաւորաց»: Որոց եւ սադրիչք եղեն եւ առաջնորդք՝ Հրէայք, որք երթեալ ի բանակս Մադիամու ասէին ցնոսա «Աբրահամու, ասեն, խոստացաւ Աստուած տալ զբնակիչս

I

First [we shall discuss] those called *Amir al-Mu'mnin.*¹ Muhammad² died after exercising power for twenty years. In the eleventh year of the [reign of the] pious, God-pleasing Emperor Heraclius³ of Byzantium, [Muhammad] was succeeded by Abu Bakr, 'Umar, and 'Uthman⁴ [who ruled] for thirty-eight years. As long as the God-crowned Heraclius was living, [the Arabs] did not dare to conduct raids against Judaea, because [Heraclius'] reputation for bravery was widespread, and he terrified them. Thus [Heraclius] held the rule of Judaea and Asorestan until the end of his life.

Once Heraclius' son⁵ had come to rule in his father's stead, the Lord awakened the spirits of malevolent men so that through them the blood of Christians would be shed in vengeance, because we had sinned before the Lord God. [The Arabs] began to form brigades and mass troops against Constantine's realm, against Judaea and Asorestan, having for support the command of their law-giver, that sower of darnel, to "Go against the countries and put them under your rule, for the plenty of the world has been given to us for our enjoyment. Eat the meat of the select ones of the countries, and drink the blood of the mighty." The Jews were their supporters and leaders, having gone to the camp at Madiam and told them: "God promised Abraham that He would deliver up the inhabitants

---

1 *Amir al-Mu'mnin:* Commanders of the Faithful.
2 Muhammad (ca. 570-632).
3 *Heraclius* (610-641).
4 *Abu Bakr* (632-634), *'Umar* (634-644), and *'Uthman* (644-656).
5 *Heraclius' son:* Constantine III, 613-641.

CHAPTER I

երկրի ի ծառայութիւն, եւ մեք եմք ժառանգք եւ որդիք նահապետին: Արդ ի մէնջ տաղտկացաւ Աստուած վասն չարութեան գնացիցն մերոց եւ եբարձ ի մէնջ զթագաւորութեան զաւազանն եւ մատնեաց զմեզ ի ստրկութիւն ծառայութեան. այլ եւ դուք էք զաւակք Աբրահամու եւ որդիք նահապետին: Ելէ՛ք ընդ մեզ եւ փրկեցէ՛ք զմեզ ի ծառայութենէ արքային Յունաց, եւ ի միասին կալցուք զիշխանութիւնս մեր»: Իբրեւ զայս եւս լուան՝ քաջալերեալ դիմեցին ի վերայ Հրէաստանի:

Իսկ ապա ազդ եղեալ թագաւորին Յունաց՝ գրէ առ զօրավարն որ ի Հրէաստանի. «լուայ, ասէ, թէ Սառակինոսք ելին յարձակեալ ի վերայ Հրէաստանի եւ Ասորեստանի: Արդ գումարեա զզօրս քոյ եւ մարտիր ընդ նոսա եւ արգե՛լ զնոսա. զի մի ասպատակեսցեն ի վերայ երկրիդ մերոյ եւ ածիցեն սուր եւ սատակումն ի վերայ դոցա. այլ արդ սպառազինեալ կազմեա զզօրս քո»: Իսկ նորա ընկալեալ զհրամանն օգոստական՝ գրէր առ զօրագլուխս որ ընդ իւրով իշխանութեամբ, զի ուր եւ իցեն՝ առ նա հասցեն: Եւ վաղվաղակի հասեալք՝ ի միասին լինէին բանակ մեծ. եւ խաղացեալ յառաջ գնացին ընդդէմ՝ հինին նորա որ զօրացեալ գայր ի վերայ նոցա: Երթեալ յանդիման լինէին միմեանց ի սահմանս Ապառաժն Արաբիոյ. տեսանէին զբանակս Մադիամու անթիւ բազմութեամբ, եւ իբրեւ զգունդս մարախոյ՝ զանչափութիւն ուղտուցն եւ ձիոց: Ապա անգիտացեալ զօրուն Յունաց անգիտութիւն մեծ՝ զատուցանէին զաղխս բանակին իւրեանց բացագոյն ի նոցանէն բազում՝ վտաւանօք, լքանէին ի բանակին եւ զերիվարսն իւրեանց. եւ ինքեանք ի հետիոտս սպառազինեալ՝ ընդդէմ նոցա գնացին պատերազմել: Եւ ի ջերմութենէ արեգակնային տապոյն եւ ծարաւուտ ապառաժէն եւ յաւազոյն աշխատեալք, եւ պարտասեալք ի ծանրութենէ զինուցն՝ անկան ի մէջ թշնամեացն:

of the world in service [to him]; and we are his heirs and sons of the patriarch. Because of our wickedness, God became disgusted with us and lifted the scepter of kingship from us, subjecting us to the servitude of slavery. But you, too, are children of Abraham and sons of the patriarch. Arise with us and save us from service to the emperor of the Byzantines, and together we shall hold our realm." [The Arabs] were encouraged further hearing this, and went against Judaea.

News reached the emperor of the Byzantines, who wrote to the general in Judaea, saying: "I have heard that the Saracens have arisen and attacked Judaea and Asorestan. Gather up your troops, go fight against them and block them, so they do not spread their raiding over our country, bringing the sword and death to it. Now put on your armor and organize your troops." [The general], upon receiving the imperial order, wrote to the military commanders who were under his authority, wherever they happened to be, to come to him. Coming quickly, altogether they formed a mighty army which went before the marauder who had grown strong and was coming against them. Now [the two sides] faced each other in the confines [of the place called] the Rock of Arabia. [The Byzantines] saw the boundless host of the Madiam army, as numerous as a swarm of locusts, with [their] incalculable number of camels and horses. Then the Byzantine troops displayed great ignorance, for they put the army's supplies out in the open at a great distance from themselves. And, leaving their horses at the camp, they went forth to make war on foot, armored, against [the Arabs]. Exhausted from the sun's heat, the hot rocks and sand, and from the weight of their weapons, they fell upon the enemy.

Իսկ նոքա քանզի ի հանգստեան էին՝ յանկարծակի հեծեալ յերիվարս իւրեանց, եւ յարձակեալ ի վերայ նոցա՝ հարին բազում հարուածս ի զօրուէն Յունաց, եւ ի փախուստ դարձուցեալ զմնացեալսն, հետամուտ եղեալ մինչեւ ի բանակն Յունաց՝ զբազումս առհասարակ կոտորէին. եւ մնացեալքն հեծեալ յերիվարս փախստական անկան յաշխարհին իւրեանց:

Եւ Իսմայելացւոցն լցեալ յաւարէն Յունաց զանձիւք, եւ առեալ զկապուտ անկելոցն ի սրոյ՝ դարձան խնդութեամբ յաշխարհին իւրեանց: Եւ յայնմհետէ տիրեցին Հրէաստանի եւ Ասորեստանի վերայ. եւ արկին ընդ հարկօք զաշխարհին եւ զեկեղեցիս սրբոյ քաղաքին Երուսաղէմի: Եւ յայնմհետէ դադարեցին ի հարկատուութենէ արքային Յունաց Հրէաստան եւ Ասորիք. զի ոչ կարացին զդէմ ունել Իսմայելի զօրքն Յունաց: Եւ Իսմայէլ տիրեաց ի վերայ Հրէաստանի:

[The Arabs], who had rested themselves, quickly leaped on their mounts and attacked, delivering many blows to the Byzantine troops and putting the rest to flight, pursuing them to the Byzantine camp, and generally killing many of them.

Then the Ishmaelites, having loaded up with looted Byzantine treasures and after robbing those who had fallen to their swords, returned in joy to their own land. Thereafter they ruled over Judaea and Asorestan, putting the land and country of the blessed city of Jerusalem under taxation. Thus, from that time forth, Judaea and Asorik' ceased paying taxes to the emperor of Byzantium, since the army of the Byzantines was unable to resist the Ishmaelites. And so Ishmael came to rule over Judaea.

Բ

Իսկ ի գալ միւսոյ ամին խռոխտալ սկսան ընդդէմ արքային Պարսից. եւ գումարէին բազմութիւն զօրաց եւ եկեալ հասանէին ի վերայ արքային Պարսից, որում անուն էր Յազկերտ, որ էր թոռն Խոսրովու: Ժողովեալ եւ Յազկերտի զզօրս իւր՝ պատերազմէր ընդդէմ նոցա, որում ոչ կարէր ընդդէմ ունել: Հարկանէին զզօրս նորա կոտորմամբ սրոյ, եւ զթագաւորն հարեալ սատակէին: Եւ յայնմհետէ բարձեալ կործանէր թագաւորութիւնն Պարսից, որոց եղեւ թիւ իշխանութեան նոցա ամք ճձա: Եւ Իսմայելացւոցն աւար առեալ զերկիրն եւ զգանձսն արքունի՝ հասուցանէին յաշխարհն իւրեանց: Եւ մեծ մասն զօրուն հատեալ ասպատակէին յաշխարհս Հայոց ընդ կողմն Պարսից. եւ առնուին ի գերութիւն զաւանս Մարաց եւ զգաւառն Գողթն եւ զդաստակերտն Նախջաւանու. եւ զբազումս յարանց ընդ սուր անցուցանէին, եւ զայլս գերի վարեալ կանամբք եւ մանկտեաւ՝ անցուցանէին ընդ գետն Երասխ ընդ հունն Ջուղայոյ: Եւ ընդ երկուս բաժանեալ զօրքն՝ ոմանք զգերեալսն դարձուցանէին յաշխարհն իւրեանց: Եւ գունդ մի հատեալ ասպատակէին ընդ գաւառն Արտազ ի վերայ զօրավարին Յունաց, որում անուն էր Պռոկոպ, որ էր բանակեալ ի գաւառին Կոգովտի ի սահմանս Բագուանորոյ եւ Մարդուցայից. որում իրազեկ եղեալ իշխանն Թէոդորոս, որ էր յազգէն Ռշտունեաց՝ ազդէր զօրավարին Պռոկոպայ, «եթէ զօր հինին Իսմայելի զարթուցեալ գայ ի վերայ մեր»:

II

A year later [the Arabs] became insolent toward the shah of Iran. They assembled a multitude of troops and came against the shah of Iran whose name was Yazdgird,[6] the grandson of Xosrov.[7] Yazdgird also assembled his troops to battle, but he was unable to withstand them. [The Arabs] struck the [Iranian] troops, destroying them with the sword, and they struck and killed the shah. With that, the kingdom of the Iranians ended, having lasted 481 years. The Ishmaelites pillaged the country and the royal treasury and took [the spoil] to their own land. A large body of troops separated and started raiding the land of the Armenians from the Iranian side, capturing the districts of Mark' and Goght'n and the *dastakert*[8] of Naxjawan. Many men were killed by the sword; others, with women and children, were made captives and taken across the Arax River at the ford of Jugha. The army then divided into two parts, one part transporting the captives to their own land, and the other brigade raiding through the district of Artaz against the Byzantine general named Procopius, who was encamped in the district of Kogovit, near the borders of Bazudzor and Marduts'ayk'. Prince T'e'odoros of the R'shtunik' clan alerted Procopius that "troops of the marauding Ishmaelites have arisen and are coming against us."

---
6 *Yazdgerd* III, 632-651.
7 *Xosrov* II, 590, 591-628.
8 *Dastakert*: village.

CHAPTER II

Իսկ նա ի բազմութիւն զօրացն ապաստանեալ եւ ոչ յԱստուած, որ յաջողէ զպատերազմ՝ ոչ ինչ գրէր զբանս իշխանին Հայոց: Եւ նա մորմոքեալ ընդ կորուստ աշխարհիս Հայոց եւ ընդ ծուլութիւն զօրավարին՝ ոչ ունէր ժոյժ, այլ մտեալ երկրորդէր եւ երրորդէր զբանն: Եւ բարկացեալ զօրավարին ի վերայ իշխանին՝ ձգէր զվարզն որ ի ձեռին զհետ նորա: Եւ սրտմտեալ Թէոդորոս՝ ելանէր յերեսաց նորա, եւ նոյնժամայն հրամայէր զօրացն, որ ընդ իւրով իշխանութեամբն էին, «վառեցարուք, ասէ, ելէ՛ք ընդդէմ Իսմայելի»: Եւ նոքա հեծեալ յերիվարս իւրեանց՝ դարանամուտ եղեն ի սարակն, որում Եղբարսն կոչէին. եւ կալեալ զառաջս կրճիցն՝ զբազումս ի նոցանէ սատակէին. եւ առեալ զկապուտ անկելոցն՝ հատուածեալ ի զօրավարէն գնացին ի գաւառն Գառնի: Հրաման ետ ապա եւ Պռոկոպն իւրում զօրուն ելանել ի վերայ թշնամեացն. յորոց վերայ հեղեալ զօրն Իսմայելի՝ հարկանէին զմեծ մասն Յունաց, եւ զայլսն փախստական արարեալ անցուցանէին ընդ բանակն իւրեանց. եւ ինքեանք դարձեալ ի բանակն նոցա հանգչէին: Եւ ասեն լինել զթիւ զօրացն Յունաց աւելի քան զվեց բիւր արանց, եւ զԻսմայելացիսն նուազ քան զբիւր մի արանց: Եւ ի վաղիւն ժողովեալ զկապուտ բանակին, դարձեալ ընդ կրունկն՝ գնացին յաշխարհին իւրեանց:

Եւ եղեւ այս ի քսան եւ երկրորդ ամի Աբու-Բաքրայ եւ Օթմանայ եւ Ամրի, իշխանացն Իսմայելի: Եւ դադարեցին յելանելոյ ի վերայ աշխարհիս Հայոց ամս Գ: Ապա ի քսան եւ վեցերորդ ամի նոցին իշխանութեանն դարձեալ յարձակէին ելանել ի վերայ աշխարհիս Հայոց զօրու ծանու:

But Procopius, placing his faith in the multitude of his troops and not in God Who determines [the outcome of] the battle, wrote nothing in reply to the prince of the Armenians. [T'e'odoros R'shtunik'], who was embittered by the destruction of the land of the Armenians and by the laziness of the general, impatiently wrote [to Procopius] two and three times. General [Procopius], getting angry at the prince [who was in his presence], threw the scepter he was holding in his hand at [T'e'odorus]. [T'e'odorus] left him, saddened, and immediately ordered the forces under his authority to "arm and go against the Ishmaelites." The troops mounted their horses and went to a hill named Eghbark' where they held the summits of the gorges, waiting to ambush [the Arabs]. They slew many of them, took booty from the fallen, and went on to the district of Garhni, having separated from the [Byzantine] general. Then Procopius ordered his own troops to go against the enemy. The army of the Ishmaelites rushed against them, destroying most of the Byzantines. The survivors took to flight and [the Arabs] pursued them to their camp and then they themselves returned to their own camp to rest. They say that there were more than 60,000 Byzantine troops [involved there], while the Ishmaelites had less than 10,000 men. The next day, gathering up the spoil stored in the camp, [the Arab army] turned about and returned to its own land.

This occurred in the twenty-second year of Abu Bakr and 'Uthman and 'Umar, the Ishmaelite caliphs. For the next three years they ceased coming against the land of the Armenians. However, in the twenty-sixth year of their rule, once again they attacked the land of the Armenians with a very large force.

Գ

Յերկրորդ ամի Կոստանդնու կայսեր Հոռոմց, որ էր թոռն Հերակղի՝ ազդ եղեւ առ իշխանն Թէոդորոս, եթէ հէն զարթուցեալ գայ ի վերայ աշխարհիս: Իսկ նորա առեալ զզօրս իւր՝ կամէր ունել զկիրճս ճանապարհին Ձորայոյ, այլ ոչ կարաց ժամանել յառաջս նոցա. քանզի ըստ օդաթեւն արագութեան յարձակեալք իբրեւ օձք թեւաւորք յառաջեցին թշնամիքն, եւ զկնի իւրեանց թողեալ զզօրսն Հայոց՝ դէմ եդեալ ընթացան ի մայրաքաղաքն Դուին: Եւ վասն զի թափուր գտին զքաղաքն յարանց պատերազմողաց, զի ամենեքեան զհետ Թէոդորոսի իշխանին գնացեալ էին, բայց միայն զկանայս եւ զմանկտիս եւ զայլ խառնիճաղանճս, որք ոչ էին արք պատերազմի՝ հասին ի վերայ քաղաքին եւ վաղվաղակի առին զամրոցն, եւ զգտեալ արսն ի նմա կոտորեցին, եւ զկանայս եւ զմանկտիս վարեցին ի գերութիւն՝ ոգիս ԼԵՌ:

Արդ ո՛վ արդեօք արժանաւորապէս ողբասցէ զթշուառութիւն աղետիցն. քանզի ամենայն ուստեք անհնարին էր վտանգն: Զի սուրբ եկեղեցիք, յորս ոչ էր արժան հեթանոսաց մտանել՝ քանդեալ եւ քայքայեալ կոխան պիղծ ոտիցն անօրինաց լինէին, եւ քահանայք հանդերձ սարկաւագօք եւ պաշտօնէիւք խողխողեալ սրով ժպիրհ եւ անողորմ թշնամեացն. եւ բազում տիկնայք փափկասունք, որոց ոչ էր առեալ զփորձ նեղութեան՝ գանալից քքօք թշնամանեալք եւ քարշեալք ի հրապարակս՝ զկականումն ողբոցն բարձրացուցանէին վասն յեղակարծումն օրհասին: Այլ եւ աշխարհախումբ բազմութեանն ըմբռնեալք

III

In the second year of the Byzantine emperor Constantine, who was Heraclius' grandson, news reached Prince T'e'odoros that the marauders had arisen and were coming against the land. He took his troops and wanted to get hold of gorges at the Dzora pass, but was unable to get there in advance [of the Arab army] because the enemy had attacked with the speed of winged snakes. Thus they left Armenian forces behind them and headed to the capital city of Dwin. They found the city devoid of fighting men, because all of them had gone along with Prince T'e'odoros. All they encountered there were women, children, and other people who were not soldiers. They came against the city and quickly took the fortress. They killed the men they discovered and took into captivity the women and children, some 35,000 souls.

Tell me, who is capable of lamenting in a worthy fashion the wretchedness of these disasters? For they occurred everywhere. The holy churches, which the pagans were not worthy to enter, were pulled apart, demolished, and trampled under the loathsome feet of the infidels. Priests, deacons, and worshipers were slaughtered by the insolent and merciless enemy. Delicate women, who had never experienced adversity, were whipped and dragged into the square crying out laments for the fate that awaited them. Similarly, the multitude of captives

ուստերօք եւ դստերօք ի նոյն վտանգս՝ յաճախէին զհառաչանս եւ զհեծութիւնս. զի ոչ գիտէին՝ զո՛ր առաւել ողբասցեն, զխողխողեա՞լսն յանօրէն սրբոյն, եթէ զկենդանւոյն անջատեալսն զուստերս եւ զդստերս, օտարացուցանել ի հաւատոյն որ ի Քրիստոս եւ ի հոգեւոր յաստուածային փառատրութեանցն։ Եւ զոմանս ողորմելի տեսլեամբ անկեալ դիակունս ի վերայ դիականց ընդ արիւն թաթաւեալք թէպէտ եւ ողբովք աշխարհին՝ այլ ոչ էին ձեռնհաս ամփոփել զմարմինսն եւ տալ գերեզմանի։ Եւ ի դէպ էր զմարգարէականն առնուլ ողբս, որ ասէ «Աստուած, մտին հեթանոսք ի ժառանգութիւն քո, պղծեցին զտաճար սուրբ քո, եւ արկին զդիակունս ծառայից քոց՝ գէշ թռչնոց երկնից, եւ զմարմինս սրբոց քոց՝ գազանաց երկրի. եւ ոչ ոք էր որ թաղէր զնոսա»։ Զայս ամենայն անցս պատուհասից, յայնժամ Հրէաստանի աղէտսն, եւ այժմ առ մերս հասեալ տարակուսանս՝ դէպ եղեւ առնուլ։

Իսկ զօրքն Հայոց հանդերձ նախարարօքն եւ իշխանաւն իբրեւ տեսին զհէնս սաստիկս հասեալ ի վերայ նոցա՝ լքան ձեռք արանցն պատերազմողաց, եւ ոչ կարացին յարձակել ի վերայ հինին. զի թէպէտ եւ տեսանէին զկանայս եւ զմանկունս իւրեանց վարեալ ի գերութիւն, այլ քանզի նուազունք էին թուով՝ ոչ կարացին ի դիմի հարկանել նոցա. այլ նստեալ միայն ողբովք եւ աշխարանօք աւաղէին զկանայս եւ զմանուկս իւրեանց։ Իսկ Հագարացիքն առեալ տանէին զնոսա յերկիրն Ասորւոց. եւ դադարեցին յելանելոյ ի վերայ աշխարհիս Հայոց ամս Ժ։

with their sons and daughters were in the same calamity, groaning and sighing. They did not know who was more worthy of lamentation, those who had been slain by the infidel's sword, or the sons and daughters left alive who were to be seized and taken, to be alienated from the faith of Christ and its spiritual and divine glorification. Though there were many weeping and mourning the pitiful sight of blood-spattered bodies fallen on top of one another, [the survivors] were not in a condition to gather up the bodies and bury them. How very appropriate [to this situation] is the prophet's lament: "O God, the heathen have come into thy inheritance; they have defiled thy holy temple. They have given the bodies of thy servant to the birds of the air for food, the flesh of thy saints to the beasts of the earth. And there was none to bury them."[9] All these disastrous horrors, which Judaea had experienced before, were now visited upon us.

When the troops of the Armenians with the *naxarars*[10] and Prince[11] saw the ferocity of the marauders who had come against them, their resolve weakened and they were unable to attack the pillaging enemy. Even though they saw their women and children being led away into captivity, [the Armenian troops] were unable to resist, because they were few in number. Rather, they just sat sobbing, lamenting, and grieving for their women and children. The Hagarenes transported [the captives] to the country of Syria, and then they ceased coming against the land of the Armenians for ten years.

---

9 *cf.* Psalm 79:1-3.
10 *Naxarars:* lords.
11 *Prince:* T'e'odoros R'shtuni.

Ապա յետ այնորիկ յերեսուն եւ վեցերորդ ամի իշխանութեանն նոցա զօր ժողովեալ դարձեալ յարձակեցան ի վերայ աշխարհիս Հայոց. որոց էին գլխաւորք Օթման եւ Օգբայ: Եւ իբրեւ հասին ի սահմանս Հայոց՝ յերիս բաժանեալ առաջս՝ սփռեցան յասպատակս իւրեանց: Առաջ մի հատեալ ընդ կողմն Վասպուրական աշխարհին՝ առին զաւանս եւ զամրոցս որ մինչեւ ի Նախջաւան քաղաք. եւ առաջ մի ընդ կողմն Տարօնոյ: Եւ միւս առաջն հասեալ ի Կոգովիտ՝ պաշարէին զամրոցն Արծափաց: Եւ գտեալ զմուտ բերդին՝ ի գիշերի գաղտագողի ելին ի նա, զի ի քուն գտին զպահապանսն, եւ առին զամրոցն, եւ զգտեալ արսն որ ի նմա արկին ընդ կապանօք: Եւ ի բազում անհոգութեան եղեալ այնուհետեւ՝ խառնակէին զազրալից պղծութեամբ ընդ կանայսն: Յորս գթացեալ ամենատեսն Աստուած՝ աստանօր ոչ անտես առնէր զհաւատացեալս անուան իւրոյ, այլ առաքէր ի վրէժխնդրութիւն չարեացն զոր գործեցին՝ զիշխանն Թէոդորոս. որոյ երագաթեւ յարձակմամբ իբրեւ զխոյանալ արծուոյ հասեալ ի վերայ հինին եկելոյ, եւ ընդ նմա արք վառեալք զինու, վաղվաղակի հասեալք՝ սատակէին զթշնամիսն իբրեւ արս ԳՌ, եւ զկապեալսն արձակէին. եւ զսակաւ մնացորդսն թշնամեաց փախստական արարեալ՝ դարձուցանէին զգերեալսն. եւ զաւար եւ զկապուտ թշնամեացն ժողովեալ՝ դարձան խնդութեամբ, փառաւորելով զԱստուած, որ խնդրեաց զվրէժ ի թշնամեաց նոցա: Իսկ այն զօրք, զոր յառաջագոյն պատմեցի, առեալ զաւար եւ զգերեալսն՝ գնացին աշխարհն Ասորւոց. եւ դադարեցին յետ այնորիկ ամս Բ:

Եւ զայս չարիս կատարեալ իշխանացն Իսմայելի Աբու-Բաքրայ, Օթմանայ եւ Ամրի յաւուրս իւրեանց՝ վախճանեցան:

However in the thirty-sixth year of their rule, they assembled a force and again attacked the land of the Armenians. The leaders [of this expedition] were 'Uthman and Oqba. When they reached the borders of Armenia, they divided into three fronts and began their raiding. One front went by way of the land of Vaspurakan, capturing towns and fortresses as far as the city of Naxjawan. Another front went through Taro'n, and the third front reached Kogovit and besieged the fortress of Artsap'. Locating an entrance to the fortress, they went in secretly at night. They found the guards sleeping, and so they took that fortress. They bound the men they encountered there. Then they negligently took their pleasure, having abominably foul intercourse with the women. But all-seeing God took pity on [the Armenians], not ignoring those who believed in His Name. As retribution for the evils [the Arabs had] wrought, He sent Prince T'e'odoros who, roaring like a lion, took six hundred armed men and quickly went against the marauders who had arrived there. Appearing at [the fortress] suddenly, [T'e'odoros and his troops] killed some 3,000 of the enemy, freed the bound [men], pursued the few survivors, and retrieved the captives. Then, collecting the enemy's loot and booty, they turned back joyfully glorifying God Who demanded vengeance from their enemy. As for that [other front of the] army about which I narrated earlier, it took its spoil and captives and went to the land of Syria. After that they stopped [raiding] for two years.

Having wrought such evil deeds during their day, the princes of the Ishmaelites—Abu Bakr, 'Uthman, and 'Umar—died.

Դ

Յետ նոցա ունի զիշխանութիւնն ոմն Մուաւիա ամս ԺԲ եւ ամիսս Դ եւ վախճանի: Եւ եթէ զիա՛րդ յաւուրս նորա էր իշխանն Գրիգոր, եւ որ ինչ անցք անցին ընդ աշխարհս Հայոց, եւ մահուան իշխանացն:

Ի սորա յառաջնում ամի իշխանութեանն եւ ի ԻԵ ամի Կոստանդնի կայսեր, որ էր թոռն Հերակլի, սկսաւ զօրս գումարել ի վերայ աշխարհիս Հայոց իշխանն Տաճկաց: Ազդ եղեւ առ թագաւորն Կոստանդին բանն. եւ հրամայէր զօրավարին որ ի կողմանս Կիլիկեցւոց՝ ելանել ընդդէմ նոցա: Ընկենոյր եւ զիշխանն Թէոդորոս յիշխանութենէն վասն նենգութեանն, զոր արար առ զօրավարին Պռոկոպայ, եւ փոխանակ նորա կացուցանէր զՍմբատ ոմն ի տոհմէ Բագրատունեաց, եւ առաքէր ընդ զօրավարին իւրում: Գրէր եւ առ Թէոդորոս Ռշտունի, որ յառաջն իշխանն էր, ասէ, «ե՛լ ընդ մեզ ի պատերազմ զօրօք որ ընդ ձեռամբ քո է»: Եւ ոչ կամեցաւ նա ելանել: Գրէ դարձեալ երկրորդ անգամ. «եթէ ոչ ելցես ընդ մեզ ի վերայ հինիս՝ ի դառնալն մերում այսրէն ջնջեսցուք զտունդ քո յազգատոհմէ մերմէ»: Որոյ երկուցեալ ի սպառնալեացն՝ հանդերձէր զորդի իւր զՎարդ երթալ ընդ իշխանին Սմբատայ. եւ տայր հրաման՝ նենգութիւն առնել սիրելեացն եւ միաբանել ընդ թշնամեացն: Որոյ երթեալ առ զօրավարն Յունաց՝ չուեցին ի կողմանս Ասորւոց եւ անցին ընդ զոմն Եփրատայ: Եւ մատուցեալ որդւոյն Թէոդոսի առ զօրավարն՝ խնդրէր զինքն կարգել պահապան նաւակտմրջացն. եւ նորա հրամայեալ նմա պահել զխելս զոմյն:

IV

Succeeding them, a certain Mu'awiya held authority for nineteen years and four months, and then died [661-680]. [We shall now describe] Prince Grigor who lived in [Mu'awiya's] time, the events that took place in the land of the Armenians, and the deaths of the princes.

The caliph of the *Tachiks* [Arabs] began to assemble troops to come against the land of the Armenians in the first year of [Mu'awiya's] reign, which was the twenty-fifth year of the reign of Emperor Constans,[12] the grandson of Heraclius. News of this reached Emperor Constans who ordered the general in the Cilician area to go against them. [Constans] removed Prince T'e'odoros from his authority because of the treachery he had worked against general Procopius, and put in his stead a certain Smbat from the Bagratid clan, sending him along with his general. He wrote to T'e'odoros R'shtuni, who previously was the [presiding] prince, saying: "Arise and come with us to battle, bringing along the troops under your control." However [T'e'odoros] did not want to go. [Constans] wrote a second time: "If you do not accompany us to fight the marauder, on our return I shall exterminate your House, [removing it] from the [other] clans of our [empire]." Frightened by these threats, [T'e'odoros] dressed his son, Vard, to go to Prince Smbat, ordering him to deal treacherously with his allies, and to unite with the enemy. [Vard] went to the general of the Byzantines and [together] they set off for Syria, crossing the bridge on the Euphrates. T'e'odoros' son then went to the general and requested that he be appointed as guard over the pontoon bridge. [The general] ordered that [Vard] guard the front of the bridge.

---

12 *Constans* II, 641-668.

CHAPTER IV

Եւ իբրեւ բախեցին ընդ միմեանս պատերազմաւ, եւ անկան յերկոցունց կողմանցն հարուածք՝ դարձեալ զօրացեալ զօրքն Տաճկաց՝ փախստական արարին զգունդն Յունաց, յաւուր մեծի շաբաթուն զատկին: Իբրեւ ետես որդին Թէոդորոսի զյաղթութիւնն Իսմայելի՝ զօրացեալ անցանէր յայնկոյս գետոյն, եւ հատեալ կտրեաց զլարս կամրջին, զի մի ապրեսցին փախստեայքն: Եւ նոցա ի մէջ առարեալ զզօրսն Յունաց՝ զոմանս գետավէժս առնէին, եւ ոմանք զերծան փախստեամբ յաշխարհն Յունաց: Եւ յայնմհետէ լքաւ սիրտ արքային Յունաց, զի դիտաց, եթէ ի տեառնէ է խոտորումն իշխանութեանն նորա. եւ ոչ եւս յաւել ելանել ի վերայ Իսմայելի:

Իսկ իշխանն Իսմայելի գրէ հրովարտակ յաշխարհս Հայոց. «եթէ ոչ հարկեսջիք ինձ եւ ոչ անկջիք ընդ լծով ծառայութեան իմոյ՝ ի սուր սուսերի մաշեցից զամենեսեան»: Յայնժամ ժողովեալ ի միասին քահանայապետն Հայոց Ներսէս, շինող սրբոյն Գրիգորի, եւ իշխանք եւ նախարարք աշխարհիս՝ յանձին կալան հարկել բռնութեան Իսմայելացւոցն: Յորոց խնդրեալ պատանդ՝ տային երկուս ի նախարարացն Հայոց զԳրիգոր ի Մամիկոնեան տանէ եւ զՍմբատ ի Բագրատունի տանէ: Եւ տարեալ զնոսա իշխանն Տաճկաց Մուաւիա՝ հատին ի վերայ աշխարհիս Հայոց հարկս Շ դահեկան ի միում ամի հատուցանել նոցա, եւ աներկիւղ մնալ ի բնակութիւնս իւրեանց:

GHEWOND'S HISTORY

When the two sides clashed in battle and the wounded fell on both sides, again the *Tachik* fighters became strong, putting the Byzantine troops to flight. This occurred on Holy Saturday, on the eve of Easter. Once T'e'odoros' son observed the Ishmaelite victory, gathering his strength he crossed to the other side of the river and severed the bridge's [connecting] ropes, so that the [Byzantine] fugitives would not survive. Getting the Byzantine troops in their midst [the Arabs] hurled some of them into the river, though some of them escaped and fled to Byzantine territory. Thereafter the Byzantine emperor's courage abandoned him, since he realized that the collapse of his authority was the Lord's doing. From that point on he ceased going against the Ishmaelites.

Now the caliph of the Ishmaelites wrote an edict to the land of the Armenians: "If you do not pay taxes to me and come under the yoke of my service, I shall put all of you to the sword." Nerse's, the chief-priest of the Armenians and builder of [the church of] St. Gregory, together with the princes and lords of the land assembled and agreed to become tributary to the tyranny of the Ishmaelites. [The Arabs] requested hostages, and [the assembly] gave [them] two of the Armenian lords, Grigor from the Mamikonean House and Smbat from the Bagratuni House. Mu'awiya, caliph of the Ishmaelites, took them and levied a 500 *dahekan* annual tax on the land of the Armenians [in exchange for allowing them] to remain without fear in their dwellings.

CHAPTER IV

Իսկ յերկրորդում ամի իշխանութեանն Մուաւիա կոչէ զԳրիգոր եւ զՍմբատ, որ էին պատանդք ի դրանն արքունի. եւ տայր Գրիգորի զպատիւ իշխանութեանս Հայոց. եւ առաքէ զնոսա բազում մեծարանօք յաշխարհս Հայոց: Եւ եղեւ բազում խաղաղութիւն յաւուրս նորա իշխանութեանն:

Եւ յետ նորա Եզիտ որդի Մուաւեայ. եւ ապրի ամս Բ եւ ամիսս է, եւ վախճանի: Եւ նա վարեաց զաշխարհս Հայոց ի նոյն սակ հարկի: Եւ յետ նորա Աբդլ-Մէլիք որդի Մրուանայ: Եւ եկեաց ամս իա եւ վախճանեցաւ: Եւ այս է վարք նորա:

Նա էր այր ժանտ եւ գոռ պատերազմող: Ի յերկրորդում ամի իշխանութեան նորա եղեւ խառնակումն սաստիկ ի մէջ Տաճկաց եւ պատերազմ, եւ բազում հեղումն արեանց ինքեանք յինքեանց հանէին: Եւ սաստկացաւ պատերազմ ի մէջ նոցա զԳ ամս. եւ անթիւ եղեն սպանեալքն ի նոցունց մինչեւ ի կատարել մարգարէութեանն Դաւթի, որ ասէ. «սուրբ նոցա մտցեն ի սիրտս իւրեանց, եւ աղեղունք նոցա փշրեսցի՛ն»: Զի փոխանակ անպարտ արեանն եւ անողորմ սատակմանցն, զորս յաճախեցին ի վերայ ազգիս քրիստոնէից՝ արիւն վրիժապարտ հեղաւ իբրաւացի. եւ պահանջեաց Աստուած զվրէժ արհամարհանաց ծառայից իւրոց նոցին իսկ ձեռօք:

In the second year of his reign Mu'awiya summoned Grigor and Smbat, who were hostages at the royal court. He gave to Grigor the honor of [the position of presiding] prince of the Armenians,[13] and sent them back to the land of the Armenians with numerous gifts. There was great peace during the years of his rule.

Mu'awiya's son, Yazid[14] succeeded him, living for two years and five months before dying. He had kept taxes over the land of the Armenians at the same rate [as his father].

After [Yazid], 'Abd al-Malik,[15] son of Marwan[16] ruled. He lived for twenty-one years before dying. An account of his deeds follows.

['Abd al-Malik] was a cruel and warlike man. In the second year of his rule there was a fierce conflict, warfare, and a great bloodletting among the Tachiks which continued for three years, claiming innumerable lives, and which fulfilled the prophecy of David: "Their swords shall enter their own hearts and their bows shall be broken."[17] Instead of the shedding of innocent blood and the merciless slaughter which [the Arabs] visited upon the Christian peoples, the blood of the guilty was shed and God demanded vengeance upon those who had insulted His servants, a vengeance visited upon them by their very own hands.

---

13 *Prince of the Armenians* (ca. 662-684/85).
14 *Yazid* I, 680-683.
15 *'Abd al-Malik* (685-705).
16 *Marwan* I, 684-685.
17 Psalm 37:15.

CHAPTER IV

Իսկ Գրիգոր իշխանն Հայոց յաւուրս իւրոյ իշխանութեանն խաղաղացոյց զաշխարհս Հայոց յամենայն հինից եւ յարձակմանց. զի այր երկիւղած յԱստուծոյ, եղբայրասէր եւ օտարասէր եւ դարմանիչ աղքատաց, եւ կատարեալ ի հաւատս աստուածպաշտութեան: Եւ շինեաց նա տուն աղօթից. ի գաւառն Արագածոտին ի յաւանն Արուճ, տաճար փառաց անուան տեառն գեղեցիկ վայելչութեամբ, զարդարեալ ի յիշատակ անուան իւրոյ:

Եւ ի ժամանակի պատերազմին որ ի մէջ Տաճկաց՝ դադարեցին ի հարկատուութենէ նոցա Հայք, Վիրք, Աղուանք, ծառայեալ նոցա ամս Լ: Եւ եղեն աւուրք ապստամբութեան նոցա ամք Գ: Եւ ի չորրորդում ամին տիրեցին ի վերայ աշխարհիս Հայոց հիւսիսային ազգն, որ ասին Խազիրք, եւ սպանին ի պատերազմին զիշխանն Գրիգոր եւ զբազումս ի նախարարացն եւ զիշխանսն Վրաց եւ Աղուանից: Եւ ինքեանք ասպատակ սփռեալ ի վերայ աշխարհիս Հայոց՝ առին զբազում գաւառս եւ զաւանս. եւ առեալ զաւար եւ զգերութիւն՝ գնացին յաշխարհն իւրեանց:

GHEWOND'S HISTORY

Grigor, [presiding] prince of the Armenians, kept the land of the Armenians in a peaceful state throughout his reign, free from all raids and attacks. For he was a God-fearing man, pefectly pious in the faith, charitable, hospitable, and [a man who] cared about the poor. In the village of Aruch in the district of Aragatsotn he built a wonderfully appointed and adorned house of worship as a memorial to his own name, to glorify the Lord's name.

During the war which broke out among the *Tachiks*, the Armenians, Georgians, and Aghuanians ceased to pay tribute to them, having been tributary for thirty years. This rebellion lasted for three years. In the fourth year, a northern people called Khazars ruled over the land of the Armenians and they killed Prince Grigor and many Georgian and Aghuanian lords and princes in battle. [The Khazars] spread out raiding across the land of the Armenians, seizing numerous districts and villages. Then, collecting their loot and captives, they returned to their own land.

Ե

Վասն Աշոտի իշխանութեանն, եւ այրեցածին Հոռոմի, եւ մահուանն Աշոտի:

Իսկ ապա յետ մահուանն Գրիգորի յաջորդէ զիշխանութիւնն Աշոտ պատրիկ, այր երեւելի եւ նախամեծալ. ի մէջ նախարարացն Հայոց, ի տոհմէ Բագրատունեաց, ճոխ եւ պերճ յիշխանութեանն, եւ յամենայն վարս երկրայինս զգաստ եւ առաքինասէր եւ ազնուական քան զամենեսեան եւ ծանօթ երկիւղին Աստուծոյ, եւ հոգաբարձու ամենայն բարեգործութեան, փոյթ յուսումնասիրութեան. եւ զարդարէր զեկեղեցիս Աստուծոյ վարդապետական արուեստիւք եւ պաշտօնէից խմբաւորութեամբ, պատուէր եւ երեւելի սպասուք յիւրոց գանձուց: Եւ շինէր զեկեղեցին Դարիւնից յիւրում ոստանին, եւ զկենդանագրեալ զպատկեր մարդեղութեանն Քրիստոսի ածեալ ի մտիցն արեւու մեծասքանչ զօրութեամբ՝ հանգուցանէր ի նմա. եւ նորա անուամբ զեկեղեցին անուանեաց:

Եւ յառաջնումն ամի իշխանութեան նորա երեւեցաւ աստղն զարմանալի տեսլեամբ վարսաւոր, զի ճաճանչ նշողիցն սփնաձեւ յիւրմէն փողփողէր զլոյսն յետոյ ինքեան, զոր անուանեալ կոչէին աստղ գիսաւոր, որ եղեւ նշանակ սովոյ եւ սրբոյ եւ մեծի սասանութեան: Եւ յերկրորդում ամի թագաւորութեանն Յուստիանոսի կայսեր, եւ յիշխանութեանն Աշոտի պատրկի առաքէ զօր բազում ի վերայ աշխարհիս Հայոց, որք եկեալ աւերեցին զաշխարհս աւարառութեամբ եւ զբազում գեղեցկայարմար շինուածս հրրձիգ արարին յաւեր դարձուցանելով, եւ ինքեանք դառնային յաշխարհին իւրեանց: Եւ զսոյն Յուստիանոս թշնամանեալ մեծամեծացն Յունաց եւ կտրեալ զքիթսն՝ աքսորեցին, եւ փոխանակ նորա թագաւորեցուցին զԼեւոն եւ զԱփսիմերոս եւ զՏիբեր եւ զԹէոդոս: Իսկ Յուստիանոս գնացեալ յաշխարհին Խազրաց՝ առնոյր իւր կնութեան

V

[This chapter concerns] the reign of Ashot, the conflagration caused by the Romans, and the death of Ashot.

After the death of Grigor, Ashot *patrik*[18] succeeded him in the authority of [presiding] prince. [Ashot] of the Bagratuni clan was a prominent grandee among the Armenian lords, rich and mighty in authority, virtuous and modest in all worldly matters, more noble and more acquainted than all others with piety toward God. He concerned himself with all manner of benevolent work, was interested in education, and adorned the churches of God with doctoral arts and groups of clerics and splendid [ritual] vessels, all out of his treasury. He built a church at Dariwnk', the *ostan*[19] of his realm, and placed in it the icon of the life-giving incarnation of Christ with its miraculous powers, which he had taken from the West, naming the church after it.[20]

In the first year of his reign, a star of astonishing aspect appeared like a column of light shedding light from its own tail, and they called it a comet. It became a symbol of [the coming of] famine, the sword, and great violence. In the second year of the reign of Emperor Justinian[21] and during the reign of Ashot *patrik*, [Justinian] sent a large force against our land of Armenia. They came and destroyed the land with looting, subjecting numerous beautiful buildings to fire and turning them into ruins. And then [the Byzantine troops] returned to their own land. However the Byzantine grandees became inimical toward Justinian, cut off his nose, and exiled him. In his place they enthroned Leo,[22] Apsimeros, Tiberius[23] and Theodosius.[24] Meanwhile Justinian had gone to the land of the Khazars, married

---

18 *Ashot patrik*, "the patrician".
19 *Ostan:* seat.
20 *Amenap'rkich'* ("Savior of All").
21 *Justinian* II, 685-695, 705-711.
22 *Leo:* Leontius, 695-698.
23 *Apsimeros Tiberius* III Apsimar, 698-705.
24 *Theodosius* III, 715-717.

զդուստրն Խաքանայ արքային Խազրաց. եւ խնդրեալ ի նմանէ զօրս յօգնականութիւն: Եւ նա առաքէր զօր բազում եւ զՏրուէղ ոմն աներ Յուստիանոսի ընդ զօրուն, այր հզօր զօրութեամբ: Եւ հասեալ ի Կոստանդնուպոլիս՝ մարտ եդեալ յաղթէր հակառակորդացն, եւ վերստին հաստատէր զթագաւորութիւնն: Եւ Տրուէղն մեռանէր ի պատերազմին: Իսկ զայլ զօրսն Խազրաց առաքէր բազում պարգեւօք եւ պատուական ստացուածովք յաշխարհն իւրեանց:

Իսկ Աշոտոյ կալեալ զիշխանութիւնն ամս դ եւ ի չորրորդ ամի իշխանութեան նորա գունդ մի ասպատակութեամբ յորդւոցն Իսմայելի յարձակեալ ի վերայ աշխարհիս Հայոց, որ էին որդիք յանցանաց եւ զաւակք անօրէնութեան, գործէին զանօրէնութիւն յաւանս Մարաց ի Խրամ, ի Ջուղայ եւ ի Խոշակունիս. զի զարսն հարկապահանջութեամբ խոշտանգէին, եւ զկանայսն զագրալից պղծութեամբ խորհէին խայտառակել ըստ անօրէնութեանն իւրեանց: Ազդ եղեւ առ իշխանն Աշոտ համբաւ չարեաց նոցա, եւ վաղվաղակի հրաման տայր զօրուն ելանել ի վերայ նոցա: Հարին զամենեսեան սատակմամբ սրոյ, եւ զմնացորդսն փախստական առնէին: Իբրեւ ետես խորամանկորդին սատանայի զհէնն ի վերայ իւր սաստկացեալ՝ հրաման ետ զօրաց իւրոց զգանձն ժողովեալ ցրուել ի դաշտին առաջի զօրացն Հայոց. եւ նոցա անխորհրդաբար դարձեալ յաւարն՝ թուլացան ի հետոց նոցա: Բայց միայն իշխանն Աշոտ սակաւ արամբք պնդեալ երթայ զկնի նոցա. եւ զօրացեալ թշնամեացն՝ դարձան ի վերայ նոցա, եւ հարեալ վիրաւորեցին զիշխանն Հայոց: Ապա ճիչ բարձեալ զօրացն՝ եւ նոքա վաղվաղակի հասեալ հարեալ սատակէին զթշնամիսն. եւ ինքեանք առեալ ածէին զիշխանն ի Կոգովիտ կարեվէր խոցմամբն, որ ի նոյն մահիճս վախճանեցաւ փառաւորապէս, եւ թաղեցաւ ի կայս հանգստեան իւրոյ ի գիւղն Դարիւնս:

the daughter of the Khaqan, the king of the Khazars, and requested auxiliary troops from him. [The Khaqan] provided many troops and sent along with them an extremely mighty man, named True'gh,[25] Justinian's father-in-law. Arriving in Constantinople, [Justinian] fought and conquered his adversaries and established his reign for a second time. True'gh died in the battle. Then [Justianian] sent the other Khazar troops back to their own land with many gifts and valuable goods.

Ashot held authority for four years. In the fourth year of his rule a looting brigade of the sons of Ishmael attacked the land of the Armenians. These sons of sin and children of impiety worked their wickedness on the towns of Mark', at Xram, Jugha, and Xoshakunik' for they tortured the men, demanding taxes, and they planned to molest the women with their loathsome and obscene intercourse. News of these crimes reached Prince Ashot who immediately ordered his troops to go against them. [The Armenians] put [almost] all of them to the sword, while the remainder were put to flight. Once the wily son of Satan saw this attack, he became more violent and ordered his troops to spread the [looted] treasures in the field before the Armenian troops. The latter, carelessly turning attention to the booty, slacked off in their pursuit [of the Arabs]. Only Prince Smbat with a few men continued pursuing them. The enemy, growing stronger, turned back on them, wounding the [presiding] prince of the Armenians. However [Smbat's] soldiers gave a shout and [the remaining troops] arrived quickly, striking and killing the enemy. They took the prince, fatally wounded, to Kogovit where he died in his bed, gloriously [A.D. 689]. He was buried in his [clan's] mausoleum in the village of Dariwnk'.

---

25 *True'gh:* Terbelis (Tervel), khan of the Bulghars, 700/701-718.

Զ

Վասն մօրին կռուին:

Յետ անորիկ զոր պատմեցաք՝ դարձեալ զօր առաքէր արքայ Յունաց որում Ափսիմերոսն կոչէին, որ փոխանակ Յուստիանոսի կայսեր. եւ հրամայէր ունել զՍմբատ որդի Վարազտիրոցի, որպէս թէ քինախնդիր եղեալ՝ զոր կըր-ճատեաց նա ի զօրացն Յունաց վասն մահուան հօրն իւրոյ Վարազտիրոցի, զոր սպանին Հոռոմք: Եւ եկեալ պատե-րազմեցան ընդ նմա ի մօրամէջ դաշտին Պայիկայ. եւ բա-զում եղեն հարուածք զօրացն Հայոց զի նուազունք էին: Անկան եւ ի զօրուէն Յունաց յոլովք: Իբրեւ ետես Սմբատ, եթէ ոչ կարէին զդէմ ունել զօրացն Յունաց՝ փախըստա-կան եղեալ գնաց մազապուրծ սակաւ արամբք. եւ զօրքն Յունաց դարձան յաշխարհին իւրեանց:

VI

[This chapter] concerns the battle that occurred in the swamp.

After the events which we have just narrated, the emperor of the Byzantines, who was called Apsimar and who succeeded Emperor Justinian, again sent a force [to Armenia] with orders to capture Smbat, the son of Varaztirots'. This was in revenge for Smbat's desertion of the Byzantine army on account of his father Varaztirots', whom the Byzantines had slain. They came and fought against him in the swampy plain of Payik. Many of the Armenian troops were killed, since they were few, as were many of the Byzantine troops. Once Smbat realized that he could not withstand the Byzantine army, he escaped by a hairsbreadth with a few men. The Byzantine troops returned to their own land.

Է

Ճառեցից դարձեալ վասն անհնարին աղետիցն որ եհաս ի տոհմէն Իսմայելի ի վերայ մեր: Զի յետ ժզ ամի իշխանութեանն Աբդլ-Մելիքի՝ դարձեալ գրգռեալ սիրտն նորա ի չարաչէրն սատանայէ՝ եւ հրամայեաց զօրաց իւրոց ելանել իվերայ աշխարհիս. որոց զօրագլուխ էր արիւնարբուն եւ այսակիրն Մահմետ, որոյ դաշինս անօրէնութեան ուխտեալ առ իշխանին իւրեանց երդմամբ՝ չդարձուցանել զսուր ի պատեանս մինչեւ ի մէջ աշխարհիս: Եւ գնացեալ խրոխտալով մինչեւ ի գաւառն Ջերմաձոր ելանէր, եւ զօրս միանգամ գտանէր՝ սուր ի գործ արարեալ կոտորէր անխնայ ըստ խոստմանց իւրեանց: Բայց զի բազմաց ազդ եղեալ էր յառաջագոյն՝ զգուշացան յամրոցս բերդից ապաստանեալ: Առնոյր եւ բազում ամրոցս խաբէութեամբ. քանզի պատիր բանիւք կոչէր ի խաղաղութիւն: Եւ իբրեւ վստահացեալք իջանէին յամրոցացն՝ սուր ի գործ արարեալ կոտորէր զարսն եւ զկանայս, եւ զմանկունսն վարէր ի գերութիւն. եւ տագնապ հասուցանէր աշխարհիս՝ մինչեւ երանել զմեռեալսն, որք խաղաղական հանգստեամբ յաշխարհէս փոխեցան, քան այնպիսի նեղութեամբք զկենդանութիւն կրել:

VII

Now I shall again discuss the unbelievable disasters which befell us from the Ishmaelites. In the sixteenth year of the reign of 'Abd al-Malik',[26] Satan again inflamed his malevolent heart and [the caliph] ordered his troops to come against our land. The military commander was the bloodthirsty and diabolical Muhammad [ibn Marwan] who swore a vow to his prince[27] that he would not replace his sword in its scabbard until he had plunged it into our land. Boasting, he went to the district of Jermadzor mercilessly putting to the sword whomever he found, as he had promised. However, since many people had been warned in advance about his coming they had taken precautions and sought refuge in the fortresses. [Muhammad ibn Marwan] also took numerous strongholds through deceit, falsely urging them to make peace. But once they had secured [that peace], they descended into the fortresses and put their swords to work, killing the men, and taking captive the women and children. Such a crisis descended on our land that [the living] envied the dead who had departed this world in peaceful rest, rather than endure a life of such misery.

---
26 *'Abd al-Malik* (685-705).
27 *His prince:* Caliph 'Abd al-Malik' (his brother).

CHAPTER VII

Եւ զկնի Բ ամաց ի գլուխ ամբարշտութեանն հասեալ՝ փախէր զմահաբեր թոյնսն, նիւթէր ի վերայ ուխտին սրբոյն Գրիգորի զմահ: Քանզի տեսին զվայելչութիւն երեւելի եւ պատուական սպասուցն, որ ի նմա ամբարեալ թագաւորացն, իշխանաց եւ նախարարաց աշխարհիս. տեսին եւ զկարգաւորութիւն հրեշտակակերպ դասուց քահանայական երաստոց, ընդ նմին եւ զվարդապետացն եւ զպաշտօնէից բարեկարգութիւնս եւ զհրեշտակական երգս ի վերայ երկրի: Եւ խանդացեալ խոցեցան յոգիս իւրեանց, եւ դաւաճանեալ նիւթեցին ի վերայ նոցա զմահաբեր կորուստն: Զի երթեալ գունդ մի անօրինաց օթեւանել ի յարկս նորա, եւ յարուցեալ ի գիշերի՝ զծառայ մի զիւրեանց խեղդամահ արարին եւ ընկեցին ի խորափիտ մի, եւ ընդ լուսանալ առաւօտին յարեան ի գնալ: Եւ խնդրեալ զծառայն զոր ինքեանք խողխողեալն էին՝ եւ ոչ գտին. եւ բազում նեղութիւն եւ վտանգ հասուցին ի վերայ ուխտի եկեղեցւոյն: Եւ յոյզ արկեալ գտնի ի խորափիտին, յոր ընկեցեալն էին. եւ նոյն ժամայն բաղայս սրտութեան կարկատեալ ի վերայ՝ կալան զամենեսեան ի փոքուէ մինչեւ ի մեծամեծս եւ եդին ի բանտի. եւ գրեցին հրովարտակ առ արհինարբու Մահմետ, եթէ «զայս եւ զայս գործեցին ընդ մեզ. արդ ո՞րպիսի մահուամբ կորուսցուք»:

Two years later his impiety came to a head, and [Muhammad] began to spew forth his deadly poison. He planned death for the monastery of Saint Gregory. For [the Arabs] had seen the wonderful, venerable, and revered [church] vessels which the kings, princes and lords of this land had accumulated there. They saw too the [monastery's] arrangements of the angelic orders of priests, the goodly discipline of *vardapet*s and worshipers and [they heard] the angelic hymns [sung] across the country. These things wounded their inflamed souls and so they treacherously planned a fatal ruination for them. A brigade of the infidels went to spend the night under their roof. Getting up in the night, they strangled one of their own servants and threw him into a ditch. When morning had dawned, they arose to leave. Then they sought for the servant whom they themselves had killed, and were unable to find him. They visited many difficulties and dangers upon the monastic community. Then they initiated a search and found [the dead servant's body] in the ditch where they had thrown it. Immediately they began piling up all kinds of falsehoods and then seized everyone from the youngest to the oldest, and put them into prison. They wrote an edict to the bloodthirsty Muhammad explaining what had been done to them and asking what sort of death [the clerics] should be subjected to.

CHAPTER VII

Որոյ լուեալ զայս՝ ըստ կամաց իւրեանց դատել աւէ զնոսա, եւ զինչս եկեղեցւոյն վտարել յաւարի։ Եւ ընկալեալ դահճացն զհրամանն անիրաւ՝ զմիմեանմբք ելանէին կատարել զհրաման հօրն իւրեանց սատանայի, որ ի սկզբանէ մարդասպան էր եւ ի ճշմարտութեան ոչ եկաց, որպէս ի տեառնէ ուսաք։ Եւ ածեալ զամենեսեան արտաքս ի բանտէն տոռամբք կապանաց՝ նախ ծայրակոտոր առնէին զոտսն եւ զձեռս, եւ ապա զփայտէ կախեալ բառնային զկենդանութիւն նոցա։

Արդ ո՞վ ոք առանց արտասուաց բերիցէ զանհնարին աղէտսն որ ժամանեաց նոցա. զի սուրբ եկեղեցին խրթնացեալ ի բարեզարդութենէ բեմին եւ լռեալ ձայն սատուածային փառատրութեանն. ընդ նմին լռեալ հոգեւոր եւ բանաւոր պատարագացն կարգք, զոր սուրբքն մատուցանէին սրտի մտօք միայնոյ մաքրագունին։ Շիջեալ եւ պայծառութիւն լապտերացն, որովք զգիշերն որպէս զտիւ լուսաւոր առնէին։ Դադարեալ եւ բուրումն անուշահոտ խնկոցն եւ մաղթանք քահանայից, որովք զփառատութիւն ժողովրդոցն նուիրէին արաչին եւ զհաշտութիւն ի մարդասիրէն Աստուծոյ հայցէին։ Եւ միանգամայն ասել՝ ամենայն բարեվայելչութիւն խորանին տեառն դատարկացեալ։

When [Muhammad] had heard this, he told them to judge [the clerics] themselves as they wished, and to confiscate the church's belongings as booty. Having received the unjust order, executioners moved to implement that command of their satanic father, who was a murderer from the very start and never knew righteousness, as we learn from the Lord. They removed from prison all the people bound with ropes, cut off their hands and feet, hanged them from trees, and ended their lives.

Who could endure [hearing about] the unbelievable disasters visited upon them without weeping? The blessed church grew dim without the beauty of its altar, and the sound of heavenly glorification [ceased]. Silent were the spiritual, rational orders of the [divine] mass which the blessed [clerics] offered with the purest of thoughts. The glow of the lamps, which illuminated the evening like the day, had been extinguished. Gone was the fragrance of sweet-smelling incense, and [gone were] the prayers of the priests dedicated to the atonement of the people seeking peace from humane God. One could say that the altar of the Lord had been stripped of all splendor.

Ո՜վ Քրիստոսի երկայնամտութեանն. զիարդ արդեօք ներեացանօրինացն զրպարտութեան ածել ի վերայ փառաւորչացն իւրոց զդառնութիւն մահուն այնորիկ. այլ առժամայն մահուամբն կամեցաւ, զի զյաւիտենական կեանսն պարգեւեսցէ: Զի որք չարչարանացն կցորդք եղեն՝ եւ փառացն հաղորդ լինելոց են. եւ զի խաչակից եղեն Քրիստոսի՝ եւ ընդ նմա թագաւորեսցեն. եւ որք մեռան ընդ նմա՝ ընդ նմին եւ կենագործեսցին եւ յաւիտեանս յաւիտենից ժառանգեսցեն զխոստացեալն հանգիստ: Եւ գործունեայքն սատանայի ընդ նմին ժառանգեսցեն զպատրաստեալ նոցա զդառնութիւնն բազմատեսակ տանջանաց զհուրն եւ զխաւարն, զորդնն անվախճան, զլալն աչաց եւ զկրճտելն ատամանց, զորոց տեսակս գիտէ ինքն որ պատրաստեաց զնոսա: Այս ամենայն գալոց է ի վերայ ամենեցուն, որ գործեն զանօրէնութիւն:

Իսկ Մահմետն, զորմէ պատմեցաքն՝ կատարեալ զայս ամենայն չարիս, գնայ անդէն բազում աւարաւ յԱսորեստան: Իսկ բնակիչք աշխարհիս մնային իբրեւ զխանձող ծխեալ ի հրոյ եւ իբրեւ զօրան վանակ փխրեալ զոր առ ոտն կոխեալ խոզից:

GHEWOND'S HISTORY

Oh the long-suffering of Christ! How did He permit the infidels to slander the people who glorify Him and to give them such bitter deaths? Rather, He wanted to bestow eternal life [on them] through a transitory death, so that by sharing in His torments they would also share in His glory, and so that those who were crucified with Christ would also be crowned along with Him. Those who had died with Him would be reborn with Him and eternally inherit the rest they were promised. Similarly, those who collaborated with Satan will inherit with him the many different bitter torments which have been prepared for him, the fire, darkness, unending lament, tears, and the gnashing of teeth, about which He who has prepared them knows. All these things will befall those who work iniquity.

As regards the aforementioned Muhammad, after accomplishing all these evil deeds, he went to Syria with much spoil. Meanwhile the inhabitants of our land were left like the burned husks of wheat which are thrown at the feet of swine.

Ը

Եւ իբրեւ գնաց Մահմետ զօրավարն յԱսորիս՝ եթող յաշխարհիս Հայոց իշխան փոխանակ իւր յԻսմայելացւոցն: Որոյ խորհուրդ վատ ի մէջ առեալ բառնալ զազատախումբ տոհմն յաշխարհէս Հայոց հանդերձ նոցին հեծելովք: Եւ անդէն վաղվաղակի յայտնեցաւ նենգութիւն նորա Սմբատայ, որ էր ի տոհմէ Բագրատունեաց, եւ այլոց նախարարաց եւ նոցին հեծելոց: Իսկ իբրեւ զգայր զդաւաճանութիւնն՝ կոչէր առ ինքն զհամագունս իւր զազատախումբ բանակին, զՍմբատ զորդի Աշոտոյ իշխանի, եւ զՎարդ որդի Թէոդորոսի իշխանի, եւ զեղբայր իւր զԱշոտ, եւ զայլ նախարարսն. եւ խորհէր հնարս գտանել, որով մարթասցեն զանձինս ապրեցուցանել: Եւ եղեւ խորհրդին՝ տեղի տալ եւ գնալ յաշխարհէս առ թագաւորն Յունաց: Եւ անդէն անջատեալ մեկնեցան ոմանք ի նախարարաց Վասպուրական աշխարհին: Իսկ նոցա դէմ եդեալ գնացին ի կողմանցն Վասպուրականի ի դաշտավայր մարզէն, որում Առեստակողմն կոչեն. քանզի անդ բնակեալ էր միայնակեաց ոմն, առ որ չոգան հարցանել զորպիսութիւն գործոյն, քանզի էր այր սուրբ, ընտրեալ եւ լի հոգեւոր իմաստութեամբ: Իսկ նորա աշխարեալ եւ աւաղեալ զկորուստ աշխարհիս եւ զկործանումն եկեղեցեաց եւ զթափուր լինելն ի նախարարական տոհմէն՝ ոչ ինչ կարէր հրամայել. այլ միայն անձնապահ լինել եւ զգուշանալ ի նենգութենէն: Եւ աղօթս արարեալ ի վերայ նոցա՝ յանձնեաց զնոսա շնորհացն տեառն եւ առաքեաց յիւրմէ:

VIII

When general Muhammad left for Syria, he left an Ishmaelite prince[28] as his replacement in the land of Armenia. The latter hatched an evil plan to eliminate the nobility and their cavalry from Armenia. His treachery was quickly revealed to Smbat of the Bagratuni House and to other lords and their cavalry. When [Smbat] realized the [truth about the] plot, he summoned to him his clan members from the army of the nobles: Smbat, son of Prince Ashot, Vard, son of Prince T'e'odoros, and his brother, Ashot, as well as other lords. He sought to find some way for them to save their lives. The decision adopted was to yield and leave the land, and to go to the Byzantine emperor. Some of the lords of the land of Vaspurakan then separated and departed, going to a plain called Ar'estakoghm on the Vaspurakan border where a certain monk resided, in order to ask him about these matters. For [the monk] was a blessed and select man, full of spiritual wisdom. He lamented and bemoaned the destruction of the land and the churches and the draining away of the lordly clans, but was unable to suggest anything except that they should be careful and beware of treachery. Offering prayers for them, [the monk] entrusted them to the grace of God, and sent them away.

---

28 *Ishmaelite prince:* Abu Shaykh ibn Abdullah, 701-703.

CHAPTER VIII

Եւ նոքա գնացեալ ընդ եզր գետոյն Երասխայ՝ անցանէին ընդ սահմանս Ուղայէոյ եւ հասանէին ի մեծ աւանն Ակոռի: Իսկզօրքն Իսմայելի, որ էին ի Նախջաւան քաղաքի՝ յարձակեցան զկնի նոցա եւ ոչ մեկնեցան ի հետոց նոցա. քանզի էին աւելի քան ԵՌ, եւ կամէին կենդանւոյն կլանել զնոսա: Եւ իբրեւ ազդ եղեւ զօրուն Հայոց վասն հինին, որ զարթուցեալ գայր ի վերայ նոցա՝ յարուցեալ անցին ընդ գետն Երասխ, եւ բանակեցան ի Վարդանակերտն աւանի. եւ զօրն Տաճկաց պնդեալ գայր զկնի նոցա: Իսկ զօրուն Հայոց պատգամ յղեալ առ զօրսն Տաճկաց՝ «ընդէ՞ր, ասէ, պնդել գայք զկնի մեր. զի՞նչ ինչ մեղաք ձեզ. ահաւադիկ երկիրդ մեր առաջի ձեր է. ձեզ տուեալ եմք զբնակութիւնս մեր, զայգիս մեր եւ զանտառս եւ զանդաստանս մեր. արդ ընդէ՞ր եւ զանձինս մեր խնդրէք: Թո՛յլ տուք մեզ գնալ ի սահմանաց մերոց»: Եւ ոչ կամեցան լսել զօրքն Իսմայելի, զի ի տեառնէ կարծրանային սիրտք նոցա, զի մատնեսցին ի ձեռս սրոյ: Իսկ զօրուն Հայոց ամրացուցեալ զփողոցս աւանին՝ կարգեցին ի վերայ պահապանս մինչեւ ի լուսանալ առաւօտին: Եւ ինքեանք զգիշերն ողջոյն ի հսկումն աղօթից կանխեալ՝ հայցէին ի բոլորեցունց տեառնէն զմեծազօր աջոյն օգնականութիւն եւ ուղղութեամբ դատել ի մէջ նոցա եւ թշնամեացն:

GHEWOND'S HISTORY

They went along the bank of the Arax River and crossed into the borders of Ughaye', reaching the great town of Akor'i. Meanwhile the Ishmaelite troops which were in the city of Naxjawan chased after them and did not let off the pursuit, since there were more than five thousand of them and they wanted to devour [the Armenians] alive. When the Armenian troops learned that the marauders had arisen and were coming upon them, they crossed the Arax River [again] and encamped at the town of Vardanakert. The *Tachik*[29] troops continued to come after them. Then the Armenian forces sent a message to the *Tachik* troops, saying: "Why are you pursuing us? What wrong have we done you? Behold, our country lies before you, we are giving you our dwelling place, our vineyards, forests, and estates. Why do you also seek our lives? Let us quit our borders." However, the Ishmaelite troops did not want to listen, since their hearts had been hardened by the Lord so that they would be put to the sword. The Armenian troops secured the roads of the town and placed guards over them until dawn. They themselves spent the entire night in prayerful vigils, looking to the mighty right hand of God for aid and a just verdict on themselves and their enemies.

---
29 *Tachik:* Arab.

CHAPTER VIII

Եւ իսկոյն ընդ ծագել առաւօտին իբրեւ յանգէր պաշտօնն առաւօտին՝ մատուցանէր եւ հոգեւոր պատարագն, եւ արժանաւորքն հաղորդէին մարմնոյ եւ արեան տեառն, իբրեւ յետին թոշակ զայն համարեալ անձանց: Եւ առնուին սուղ ինչ կերակուր յաղագս զօրութեան մարմնոյ: Եւ նոյնժամայն յարուցեալ յարդարեցին գունդ առ գունդ եւ ճակատ առ ճակատ, եւ խմբեցաւ պատերազմն: Անդ հասեալ յօգնականութիւն մեծազօրն Աստուծոյ գնդին Հայոց՝ թէպէտ եւ նուազունք էին քան զթիւ երկուց հազարաց՝ սակայն զբազումս հարեալ սատակէին ի սուր սուսերի: Քանզի էին աւուրք ցրտաշունչ սառնամանեաց, եւ եւս առաւել սաստկացեալ դառնաշունչ օդոյն՝ կասեցուցանէր զզօրսն Իսմայելի յարիական զօրութենէն իւրեանց, զի զգիշերն ամենայն ի վերայ ձեան օթագայեալ էին եւ ընդ ծագել լուսոյն անկան ի ձեռս սրոյ: Եւ որք ի սրոյն փախեան՝ անկան ի գետն Երասխ, քանզի պաղացեալ էր ի խստութենէ օդոյն. եւ իբրեւ ելանէին ի վերայ պաղին բազմութիւն զօրացն՝ անդէն վաղվաղակի խորոց մատնէին, խորտակեալ պաղին՝ որք ի սրոյն զերծեալք էին, եւ այնպէս հեղձամահ վճարէին ի կենաց: Յորոց նուազունք ի փախուստ դարձեալ իբրեւ արք Ց՛ ապաւինէին առ տիկինն Շուշան: Զորոց զկնի հետամուտ եղեալ Սմբատ որդի Աշոտի զօրօքն իւրովք՝ կամէր արկանել զփախստեայսն ի սուր սուսերի: Որում ընդ առաջ ելեալ տիկինն Շուշան՝ բազում աղերսանօք եւ դաշամբք թափէր զնոսա մերկս եւ բոկս եւ հետեւակս եւ վիրաւորս, զորոց առեալ պատէր զվէրս եւ ողջացուցանէր եւ զգեցուցանէր հանդերձիւք: Տայր եւ գրաստս յիւրոց երամակաց եւ առաքէր առ իշխանն Իսմայելի Աբդլ-Մելիք, վասն որոյ եւ ի նմանէ բազում շնորհակալութիւն ընկալեալ, եւ մեծամեծ պատիւս առաքէր նմա:

As soon as day broke, when morning matins had ended, they celebrated the divine mass and those worthy of it communed in the Lord's body and blood, regarding it as their last rites. They ate a small meal to strengthen their bodies, and then immediately arose and organized themselves brigade by brigade and front by front, and went into battle. Aid from Almighty God came to the Armenian forces, for although there were less than two thousand troops, nonetheless they slaughtered many [Arabs] with their swords. [At that season] the days were already quite cold and icy, and then the weather turned even more bitterly cold, preventing the Ishmaelite troops from unleashing their might. They had spent the entire night sleeping on the snow. When day broke, they fell to [the Armenians'] swords. Those [Arabs] who escaped the sword fled and went on to the Arax River which had [lightly] frozen over from the cold. With that multitude of troops on the ice, [the ice gave way] and those who had escaped the sword fell through it into the depths to drown. A small number of the fugitives, some three hundred, turned [for aid] to *tikin*[30] Shushan. But Smbat, Ashot's son, went in pursuit with his troops, wanting to kill them. *Tikin* Shushan came before him with many entreaties and was able to save those who had come [to her] on foot, naked, barefoot, and wounded. She bandaged their wounds, brought them back to health, and outfitted them with goodly clothing. She also provided pack animals from her own herd [for them] and then sent them to the caliph of the Ishmaelites, 'Abd al-Malik. As a result she received great thanks from him and also magnificent gifts.

30 *Tikin:* Lady.

Իսկ զօրն Հայոց յղփացեալ յաւարէ թշնամեացն՝ առաքէին առ թագաւորն Յունաց աւետիս զյաղթութեանն իւրեանց: Տային տանել նմա ընծայս յաւարէ թշնամեացն զընտիրս երիվարաց տաճիկ ձիոց, եւ զունչս դիականցն անկելոց հատեալ առաքէին ընդ նմին ընծայի:

Եւ կայսրն ընկալեալ զայն նուէր՝ մեծապէս գոհութիւնս մատուցանէր արարչին, եւ շնորհակալութիւն Սմբատայ եւ նախարարացն որ ընդ նմա եւ նոցին զօրացն: Եւ տայր բերել նմա պատիւ կիւրապաղատութեան ըստ օրինի թագաւորաց: Եւ նորա ընկալեալ զպատիւն ի կայսերէն՝ առնոյր զզօրս իւր եւ երթայր յաշխարհն Տայոց, մտանէր յամրոցն որում Թուխարսն կոչէն, եւ զգուշանայր յորդւոցն Իսմայելի:

Զայնու ժամանակաւ դարձեալ այլ հէն գայր ի վերայ զօրուն, որ ի կողմանս Վասպուրական աշխարհին. եւ եկեալ յանդիման լինէին ի գաւառն Ռշտունեաց ի գիւղն, որում Գուկանսն կոչէն: Անդ յանդիման լինէին միմեանց: Իբրեւ տեսին զի նուազունք էին, դիմեցին սաստկապէս ի վերայ նոցա. եւ նոյնժամայն գթացեալ ողորմութեանն Աստուծոյ, եւ յայնմ նուագի եւս հասանէր ի թիկունս օգնականութեան: Եւ զամենեսեան ի սուր սուսերի մաշեցին, բայց միայն արք ՄՁ ի փախուստ դարձեալ՝ անկան յեկեղեցին: Եւ իբրեւ ոչ կարացին ըստնանել՝ խորհեցան հրկէզ առնել զսրբարանն. այլ ոչ թողացոյց նոցա Սմբատ իշխան կողմանն Վասպուրականի, որ էր որդի Աշոտի իշխանի, եւ ոչ ետ գործել զապիրատութիւնն զայն. զի ասէր, «քա՛ւ լիցի մեզ ձեռնամուխ լինել ի բնակարան փառացն տեառն, որ զայնպիսի յաղթութիւն մեզ պարգեւեաց»:

The army troops, engorged with the enemy's spoil, sent glad tidings of their victory to the Byzantine emperor. As gifts from the enemy's loot they also had delivered to him choice *Tachik* horses and the noses which they had severed from the [Arabs'] corpses.

The emperor received that gift greatly offering thanks to the Creator and [expressing] gratitude to Smbat, the lords with him, and their troops. He also bestowed on [Smbat] the dignity of *curopalates*, in a royal fashion. [Smbat] received this honor from the emperor, took his own troops, and went to the land of Tayk' where he entered the fortress called T'uxark', and took precautions against the sons of Ishmael.

In this period, another marauder came against the troops which were in parts of the land of Vaspurakan. They came against them in the district of R'shtunik' at the village called Gukank', where the two sides faced off. When [the Arabs] saw that [the Armenians] were few in number, they forcefully attacked them. But then again God showed His mercy and came to their aid. [The Armenians] put all [the Arabs] to the sword except for two hundred and eighty men who fled into a church. [The Armenians] were unable to get at them and so they planned to set the sanctuary on fire. However the prince of the Vaspurakan area, Smbat, son of Ashot, did not allow them to commit this sacrilege, saying: "God forbid that we do such a thing to the dwelling place of the glory of God, Who has given such a victory to us."

CHAPTER VIII

Եւ կարգեցին պահապանս պահել զնոսա, մինչեւ նոյն ինքնսրբբարանն հանցէ զնոսա արտաքս յինքենէ: Եւ յետ սակաւ միոյ մի ոմն ի զօրացն Իսմայելի, որ էր գլխաւորագոյն նոցա՝ խնդրէր հաշտութիւն անձին իւրում՝ չմեռանել ի նոցունց: Եւ եկ առ զօրսն Հայոց եւ ասէ. «մեր լուեալ է, եթէ ազգ քրիստոնէից ողորմած է. իբրեւ տեսա-նէ զոք ի վիշտս՝ գթայ եւ ողորմի. արդ ողորմեցարուք մեզ եւ տուք մեզ զանձինս մեր պարգեւ, եւ զինչս մեր առէք ձեզ յաւարի»: Պատասխանի ետ զօրավարն Սմբատ. «մեք, ասէ, ուսաք ի տեառնէ մեր, եթէ ողորմութիւն ողորմածաց արժան է առնել. իսկ դուք ազգ անողորմ էք եւ ոչ արժանի ողորմութեան, եւ ոչ արասցուք»: Իբրեւ լուաւ զայս իսմայելացին՝ «արդ գոնեա անձին իմում ներեցէք չսպանանել, եւ զայլսն տաց ի ձեռս ձեր»: Եւ յանձին կալան, թէ ոչ սպանցուք: Իսկ նորա մտեալ ի ներքս՝ ասէ. «ոչինչ օգուտ է մեզ մնալ աստէն, զի անողորմ տեսի զնոսա ի վերայ մեր: Այլ արդ եկայք ելցուք առ նոսա. եթէ սպանանեն զմեզ՝ մեռցուք, քանզի զդրախտն խոստացաւ մեզ օրէնսդիրն մեր Մահմետ, եւ եթէ կեցուցանեն զմեզ՝ կեցցուք»:

Եւ քաջալերեալք այսու բանիւք՝ ելին առհասարակ ար-տաքս, եւ նոյնժամայն արկան ի բերան սրոյ: Իսկ զայն այր, որում խոստացան չսպանանել՝ կենդանւոյն յուղարկեցին ի խորս ծովուն: Եւ ինքեանք առեալ զկապուտ անկելոցն՝ բաժանեցին ի մէջ ինքեանց, եւ սփռէին յիւրաքանչիւր տեղիս:

So they set up guards to stand watch until the sanctuary itself should give them up and expel them. After a while, one of the Ishmaelite troops who was their commander sought reconciliation, in order to save his own life. Then he went to the Armenian troops and said: "We have heard that Christian folk are merciful when they see people in misery, that they feel pity and show mercy. Show mercy to us and grant us our lives as a gift, and take our belongings as booty." General Smbat responded: "We are taught by our Lord that the merciful are the ones worthy of mercy. You, however, are a merciless people, unworthy of mercy, nor shall we show it to you." When the Ishmaelite heard this, he said: "At least grant me my own life and do not kill me, and [in exchange] I will deliver the rest of them into your hands." [The Armenians] agreed not to kill him. He went back into [the church] and said: "We have no hope staying here, since they will not show us mercy. Rather, come on and let us get out of here. Should they kill us we will attain the paradise promised to us by our law-giver, Muhammad. Should they let us survive, we will live."

Encouraged by these words, they all went outside and were immediately put to the sword. As for the man they had promised not to kill, he was thrown into the depths of the sea alive. Then [the Armenians] collected spoil from the fallen, divided it up amongst themselves, and departed to their own places.

Թ

Եւ եղեւ յետ այսորիկ իբրեւ լուաւ իշխանն Իսմայելի Աբդլ-Մելիք զբեկումն զօրաց իւրոց՝ կոչէ առ ինքն զՄահմետ զօ-րավարն զօրուն իւրոյ եւ հրամայէ առնուլ ընդ իւր բազմու-թիւն զօրաց եւ ելանել ի վերայ աշխարհիս Հայոց սրով եւ գերութեամբ։ Որոյ անդէն վաղվաղակի կազմեալ զզօրսն՝ սաստկապէս եւ խրոխտալով սպառնայր կատարել զհը-րամանս իշխանին իւրեանց։ Իբրեւ լուան նախարարք Հա-յոց աշխարհիս զհէնն, որ գայր զօրացեալ ի վերայ՝ համ-դերձեցին զկաթողիկոսն Հայոց զՍահակ եւ զոմանս յե-պիսկոպոսաց աշխարհիս ընդ նմա՝ երթալ ընդդէմ զօրուն Իսմայելի եւ խօսիլ ընդ զօրավարին նորա բանիւք խաղա-ղութեան եւ նուաճել զինքեանս ընդ լծով ծառայութեան նոցա։ Եւ իբրեւ յուղարկեցաւ յաշխարհէս՝ ողջունէր զամե-նեսեան սիրական համբուրիւ աջոյն, օրհնէր զհօտն որ ինքեան հաւատացեալ հանդերձ հովուակցօք, եւ յանձն առնէր շնորհացն տեառն։ Եւ իբրեւ զանց արարեալ զբա-զում օթեւանօք եւ հասանէր ի քաղաքն Խառան՝ եւ անդէն եհաս նմա ախտ հիւանդութեան։ Եւ մինչչեւ էր հասեալ Մահմետ զօրավարն ի Խառան՝ մերձեցաւ վախճան նորա. եւ գրէ զվերջինս բանից իւրոց յանդարձի առ զօրավարն Իսմայելի։ Եւ, ասէ,

IX

After these events, when the caliph of the Ishmaelites, 'Abd al-Malik, learned about the destruction of his troops, he summoned general Muhammad and his forces and ordered him to take a multitude of soldiers and go against the land of the Armenians, to kill and take captives. [Muhammad] immediately organized troops and forcefully and boastingly threatened to implement the command of their caliph. When the lords of the Armenians learned about the strengthened marauder who was coming against them, they entreated Sahak, Catholicos of the Armenians,[31] and some bishops of the land who were with him to go in advance of the Ishmaelite army, to speak words of peace to their general, and to place themselves under the yoke of service to them. As [Sahak] was departing the land, he greeted everyone as they kissed his right hand in peace, blessing his flock and their shepherds who trusted him, and entrusting them to the grace of the Lord. He passed many lodging-places and reached the city of Harran, where sickness came upon him. He died there, before general Muhammad had reached Harran. But first, he wrote these last words to the Ishmaelite general:

---
31 *Sahak* Dzorap'orets'i, Catholicos 677-703.

«Առաքեցայ ընդ առաջ քո յազգէն իմ, խօսել զխորհուրդս իմ առաջի քո, զոր միաբանեալ նախարարք եւ ռամիկք Հայոց խնդրեն ի քէն. այլ որ կենացն է շտեմարանապետ՝ ստիպով յափշտակեաց զիս առ ինքն, եւ ոչ ժամանեցի հանդիպել քեզ եւ խօսել ընդ քեզ: Այլ արդ՝ երդմնեցուցանեմ զքեզ ի կենդանին Աստուած, եւ դաշինս դնեմ քեզ զուխտն Աստուծոյ, որ առ Իսմայէլ հայրն ձեր, որպէս խոստացաւ տալ նմա զտիեզերս ի ծառայութիւն եւ ի հնազանդութիւն, զի արասցես խաղաղութիւն ընդ ժողովրդեան իմում, եւ ծառայեսցեն քեզ հարկատրութեամբ. արգելցես զսուր քոյ յարենէ եւ զձեռն քո յաւարառութենէ. եւ հնազանդեսցեն քեզ յամենայն սրտէ իւրեանց: Բայց վասն հաւատոյս մեր՝ զի իշխանութիւն լիցի մեզ պահել յոր հաւատացաքն եւ խոստովանեցաք. եւ ոք ի ձեռաց այտի մի խոշտանգեսցէ զմեզ դառնալ ի հաւատոց մերոց: Արդ եթէ արասցես զհայցուածս իմ՝ յաջողեսցէ տէր զիշխանութիւնդ քո եւ կատարեսցին խորհուրդք կամաց քոց. եւ տէր հնազանդեցուսցէ զմենեսին ընդ ձեռամբ քո: Ապա եթէ ոչ կամիցիս լսել բանից իմոց, եւ խոտորնակ իմասցիս յառնել ի վերայ աշխարհին իմ՝ տէր ցրուեսցէ զխորհուրդ քո եւ մի հաստատեսցին գնացք ոտից քոց, եւ դարձուսցէ զսիրտ զօրաց քոց՝ չառնել զկամս քո, եւ յարուսցէ յամենայն կողմանց նեղիչս անձին քո, եւ մի կացցէ իշխանութիւնդ քո հաստատուն: Արդ մի՛ անտես առներ զհայցուածս իմ, եւ եկեսցե՛ն ի վերայ քո օրհնութիւնք իմ:»

"My people have sent me before you to discuss the counsel adopted by the united lords and common people of Armenia and [the matters] which they request of you. However, the keeper of the granary of life has suddenly called me to Him, and thus I have not managed to meet and talk with you. Now I swear to you by the living God and the covenant which God made with your father Ishmael to give him the entire world as obedient subjects, that if you make peace with my people, they will service you as tax payers. Stop your sword from shedding their blood and stop your hand from pillaging, and they will obey you wholeheartedly. As for our religion, let us have the authority to hold to what we believe in and confess to. Let none of you torment us to turn us away from our beliefs. If you do as I beseech you, the Lord will advance your rule and implement your will, and subdue everyone under your control. But if you will not heed my words and choose to invade my land, the Lord will shatter your ambitions, and will not guarantee the course of your footsteps, and He will turn around the hearts of your troops so that they will not work your will. He will stir up impediments to you on all sides and will not allow your rule to last. If you do not ignore my requests, my blessings will come upon you."

Եւ իբրեւ եհաս Մահմետն ի Խառան՝ պատմեցին նմա զկաթողիկոսէն Հայոց եւ մատուցին առաջի նորա զգիրն։ Իբրեւ ընթերցաւ զգիրն՝ եհարց զվախճանէ նորա. եւ պատմեցին նմա, եթէ «ոչ եւս է եղեալ ի գերեզման». զի առժամայն էր վախճանեալ։ Իբրեւ լուաւ՝ վաղվաղակի յարեաւ եւ չոգաւ ի տեղին. կացեալ մերձ առ մարմնոյ ննջեցելոյն՝ ետ նմա ողջոյն ըստ սովորութեան իւրեանց, եւ, որպէս լուաք ի ճշմարտախօս արանց՝ երկրորդէր զնոյն բանս եւ երրորդէր։ Եւ ապա բուռն հարեալ զձեռանէ նորա՝ իբրեւ ընդ կենդանւոյ ումեք խօսէր ասելով. «ծանեայ զիմաստութիւնդ քո ի մատենէն զոր ընթերցայ, զի ըստ օրինի քաջ հովուին ի վերայ քոյին հօտիդ հոգացեալ՝ փութացար գալ ընդ առաջ խրոխտացեալ սրոյ իմոյ։ Հաւանեցայ արգելուլ զսուր իմ յարանց անմեղաց։ Այլ արդ արարից եւ կատարեցից զամենայն, զոր միանգամայն հայցեցեր յինէն. եւ բարեպաշտութեանդ քո օրհնութիւն հանգիցէ ի վերայ իմ։ Եւ եթէ սխալեցից ես բան մի յամենայն բանից քոց՝ եկեսցե՛ն ի վերայ իմ ամենայն նըզովքն, զոր ընթերցայ ի մատենիցն քոց»։ Եւ զայս ասացեալ՝ գնայր ի տեղի իջեւանի իւրոյ։

Իսկ որք ընդ կաթողիկոսին Սահակայ երթեալ էին յաշխարհէս Հայոց՝ առեալ զմարմինն երանեալ հայրապետին փոխէին ի հանգիստ, եղեալ ի տապանի փառաւորապէս։ Եւ ինքեանք առնուին ի զօրավարէն Իսմայելի բան երդման ի ձեռն գրոյ, եւ դարձան անդրէն յաշխարհս Հայոց։ Եւ իբրեւ տեսին բնակիչք աշխարհիս զբան երդմանն եւ խոստման գրոյն՝ վստահ եղեն ի նա, եւ ծառայեցին յայնմհետէ Իսմայելացւոցն ծառայութիւն ստրկի։

As soon as Muhammad arrived at Harran they informed him about the Armenian Catholicos and gave him his letter. Having read the letter, [Muhammad] inquired about his demise, and they told him that he had not been buried yet, as he had just died. Once [Muhammad] heard this, he quickly went to the place. Then, standing close to the deceased, he greeted him according to their custom, something we confirmed two or three times from credible men. [Muhammad] took [Sahak's] hand and began speaking with him as though with a living person. He said: "I realized your wisdom by reading your letter. Like a brave shepherd concerned about his flock, you hastened to come before my conquering sword. I agree to check my sword from shedding the blood of innocent people. Instead, I will implement all that you requested from me, to have your pious blessing upon me. Should I deviate by one word from all of your words, may all the curses which I read about in your letter be visited upon me." Having said this, he returned to his lodging-place.

Those who had accompanied Catholicos Sargis from Armenia, now took the body of the blessed patriarch and laid it to rest in a grave in glory. Then, receiving that written pledge from the Ishmaelite general's hand, they departed for the land of the Armenians. When the inhabitants of the land saw the written assurances and pledges, they trusted them and thereafter they served the Ishmaelites through the payment of taxes.

Իսկ Մահմետ զօրավարն երկրորդ անգամ ելեալ յաշխարհս Հայոց զօրու ծանու յութուտասաներորդ ամի Աբդլ-Մելիք իշխանի եւ զամս Գ հանդարտեալ դադարէր. եւ ոչ ինչ չարեաց յուշ լինէր վասն անցիցն, որ էանց ընդ զօրն Տաճկաց ի Վարդանակերտն աւանի. այլ հաստատուն պահէր զերդումն գրոյն, զոր տուեալ էր իւր, եւ միայն ընդ ակամբ հայէր նախարարացն Հայոց: Եւ Աբդլ-Մելիքի կալեալ զիշխանութիւնն այսպիսի վարուք՝ վախճանէր:

As for general Muhammad, he came a second time to the land of the Armenians with a large force, in the eighteenth year of Caliph 'Abd al-Malik, remaining there for three years. He did no evil [to the Armenians], ignoring what had been done to the *Tachik* troops in the town of Vardanakert. Rather, he steadfastly adhered to the written oath which he had given them, merely scrutinizing [the behavior of] the Armenian lords. Thus, having held his reign with such conduct, 'Abd al-Malik died.

Ժ

Եւ յետ նորա փոխանորդէ որդի նորին Վլիթ իշխան Իսմայելի ամս Ժ եւ ամիսս Ը, եւ վախճանի: Եւ այս վարք նորա:

Սա յառաջնում ամի իշխանութեան իւրոյ խորհեցաւ բառնալ յաշխարհէս Հայոց զտոհմ նախարարաց նոցին հեծելովք վասն քինին, զոր ունէին առ Սմբատայ կիւրապաղատի. զի ասէր, եթէ միշտ խոչ եւ գայթակղութիւն լինելոց են իշխանութեանս մերոյ: Եւ մինդեռ զայս չարութիւն երկնէին ի սիրտս իւրեանց՝ անդէն վաղվաղակի Սմբատն, զորմէ ճառեցաք՝ գրէր առ արքայն Յունաց եւ խնդրէր զօր ի նմանէն յօգնականութիւն: Եւ հաւանեալ կայսերն՝ կատարէր զխնդիրն. տայր զօր բազում ի ձեռն զօրավարի միոյ եւ առաքէր նմա ի թիկունս օգնականութեան: Եւ միաբանեալ Սմբատայ ընդ զօրավարին Յունաց՝ եկեալ հասանէին ի գաւառն Վանանդայ ի գիւղն, որում Դրաշպետն կոչեն: Անդ հարկանէին զբանակս իւրեանց: Եւ իբրեւ լուաւ Մահմետ իշխան զօրուն Իսմայելի՝ ժողովեալ զզօրս իւր մեծաւ պատրաստութեամբ եկ ընդդէմ նոցա ի մարտ պատերազմի: Եւ հասեալք առ վայր մի՝ կազմեցին գունդ առ գունդ եւ ճակատ առ ճակատ, եւ խմբեցաւ պատերազմն: Անդ վաղվաղակի բարկութիւն ի տեառնէ հասեալ ի վերայ նոցա՝ լքաւ սիրտ պատերազմողաց արանց Յունաց, ի փախուստ դարձեալ անկան յամրոց բանակին իւրեանց: Եւ զօրացեալ թշնամեացն՝ հարին զբազումս կոտորմամբ սրոյ, զորոց ասեն լինել զթիւ անկելոցն աւելի քան զԵ բիւր արանց սուսերամերկաց: Եւ զսակաւ մնացորդսն առնէր փախստական յաշխարհէս. եւ իւր ժողովեալ զզօրս բանակին՝ դառնայր ի քաղաքն Դուին: Իբրեւ զայս եւս տեսանէր իշխանն Իսմայելի, եթէ առաջնորդ զօրուն Յունաց եղեն նախարարք Հայոց՝ դարձեալ զնոյն խորհուրդ խորամանկութեան հրամայէր Մահմետի կատարել:

X

After ['Abd al-Malik], his son, Walid[32] succeeded him as caliph of the Ishmaelites, ruling for ten years and eight months before dying. Here [is a description of] his deeds.

In the first year of his reign, [al-Walid] resolved to do away with the families of Armenian lords and their cavalry due to a grudge he held against *Curopalate* Smbat. [al-Walid] claimed that they were an irritant and obstacle to their rule. While this wickedness was incubating in their hearts, the aforementioned Smbat quickly wrote to the Byzantine emperor requesting his help. Agreeing to this, the emperor sent numerous troops as an auxiliary force under the command of a general. Smbat, uniting [his forces] with the Byzantine general's, came to the village called Drashpet in the district of Vanand, and struck camp there. When Muhammad, the prince of the Ishmaelite troops, heard about this he assembled his forces with great preparation and went against them in battle. When they had reached a certain spot they deployed—front against front and brigade against brigade—and the fight began. Then the wrath of the Lord came upon [the allies], since the Byzantine troops lost their appetite for war and fled, taking refuge in fortresses. The enemy grew stronger and slew many with the sword. They say that more than fifty thousand combatants fell. The few survivors were chased out of the land. Gathering up his forces, [Muhammad] returned to the city of Dwin. When the caliph of the Ishmaelites observed that the Armenian lords had been leading the Byzantine troops, he ordered Muhammad to implement the same wicked plan [he had devised].

---

32 *Walid:* al-Walid I, 705-715.

Եւ Մահմետի առեալ զհրամանն անհրաւ՝ հրամայէր Կասմոյ ումեմն, որ էր հրամանատար նորուն ի կողմանսն Նախճաւան քաղաքի՝ կոչել առ ինքն զնախարարս Հայոց նոցին հեծելովք իբրեւ պատճառանօք՝ եթէ անցուցանել ի համարու արքունի եւ առնուլ հռոգ եւ դառնալ: Եւ նոքա ըստ օրինի պարզմտութեան իւրեանց հաւատարիմ համարեալ զնենգութիւն գաղտասոյր որսողացն՝ վաղվաղակի անդր հասանէին: Իբրեւ ժողովեցան անդր՝ հրամայեցին յերկուս բաժանել զնոսա, զոմանս հաւաքեցին յեկեղեցին Նախճաւանու, եւ զկէսն յուղարկեցին յաւանն ի Խրամ, արկանէին յեկեղեցի նորա, կարգեալ ի վերայ պահապանս. եւ խորհէին, թէ որպէս կորուսցեն զնոսա: Եւ միաբանեալ առ հասարակ ամենեքին՝ հանին արտաքս զազատատոհմն յարգելանէն, եւ զորս ի սրբարանն արգելեալ էին՝ հրկէզ արարին եւ տոչորէին ի յարկս աստուածային խորանին: Իսկ ըմբռնեալքն յայնպիսի դառնութիւն վտանգի իբրեւ տեսին, թէ ամենայն ուստեք զրկեալ էին յօգնականութենէ մարդկան՝ ապաւինէին առ բոլորեցունն Աստուած եւ զնա միայն կարդային յօգնականութիւն ասելով. «որ նեղելոց ապաւէնդ ես, վտանգելոց օգնական, աշխատելոց անդորրիչ՝ հա՛ս յօգնականութիւն նեղելոցս եւ վտանգիս, որ պաշարեցին զմեզ, փրկե՛ա զմեզ ի դառն մահուանէս, զոր ածին ի վերայ մեր. զի ահա սաստկապէս զօրացաւ ի վերայ մեր տապ բոցոյս եւ առաւել տոչորէ շրջապատեալ զմեօք եօթնապատիկ քան զբաբելոնեան բոցոյն բորբոքումնն: Այլ որպէս երից մանկանցն առաքեցեր յօգնականութիւն զպահպանող զօրութիւն հրեշտակին՝ եւ զմեզ մի՛ անտես առներ ի քո գթութեանցդ, զի եւ մեք ծառայք քո

Muhammad took the unjust order and commanded a certain Kasim, who was his commander in the Naxchawan area, to summon to the city the Armenian lords and their cavalry on the pretext of [recording them in] a royal military census, giving them stipends, and dismissing them. [The lords]—with their traditional naivete—believed the treachery of the cunning hunters, and quickly went there. As soon as they had arrived, [the Arabs] ordered that they be divided into two groups: one [half] was gathered into the church of Naxchawan, while the other half was sent to the town of Xram where they were put into the church there. And [the Arabs] put them under guard and pondered how to destroy them. Then all of them assembled, brought out of confinement the men from noble clans, and then set fire to those who remained trapped in the sanctuary. They burned to death before the altar of the Lord. When those who were trapped realized the bitterness of the danger [awaiting them], they one and all took refuge in God, looking solely to Him for help and crying out: "You who are the refuge for the persecuted, the helper of those in danger, comforter of the weary, give aid to us who are persecuted and surrounded by dangers, save us from the bitter death which awaits us. The heat of the flames surrounding us has intensified seven times more than the flames of Babylon. Now, just as You sent an angel to save the three children from the furnace of Babylon, in Your mercy do not abandon us. For we are Your servants,

եմք, թէպէտ եւ բազում անգամ մեղուցեալ բարկացուցաք զմարդասիրութիւնդ քո քաղցր. այլ ի բարկութեան քում զողորմութիւն յիշեսցես առ ծառայս քո. քանզի ահա սըրբարան քո եւ տեղի փառաց անուան քո եղեւ մեզ տեղի գերեզմանի: Վասն որոյ եւ մեք գոհանալով զսուրբ եւ զահեղ անուանէդ քումմէ՝ ի ձեռս քո յանձնեսցուք զոգի եւ զշունչս մեր զմարմին»: Եւ զայս ասացեալ միաբան ամենեքեան զօրհներգութիւն ի բարձունս վերառաքելով՝ փոխեցան յաշխարհէս:

Իսկ զնախարարս ազատացն եդին ի կապանս բանտի, յանհարդուրժելի տանջանս խոշտանգէին, եւ պահանջէին ի նոցանէ բազում ոսկի եւ կշիռ արծաթոյ. եւ խոստացան նոցա, թէ յորժամ հատուսցեն նոցա զսակ արծաթոյն՝ արձակեսցեն զնոսա կենդանիս. վասն որոյ եւ երդմամբ դաշինս արարեալ հաւատարմացուցանէին զերդումն ստութեան: Եւ նոքա առ վտանգի նեղութեանն՝ զբազում մթերսգանձուցն իւրեանց, զորս ի պահեստի եդեալ էին յերեսաց նեղչացն ի ծովս եւ եթէ ի ցամաքի՝ տային ի ձեռս թշնամեացն, զի թերեւս ապրեցուսցեն զանձինս իւրեանց: Եւ իբրեւ ունայնացեալք ի գանձուցն եղեն՝ ձեռնամուխ եղեալ անօրինացն՝ բառնային զկենդանութիւն նոցա, եւ զփայտէ կախեալ դատապարտէին զնոսա: Անդ ըմբռնեցան Սմբատ որդի Աշոտի ի Բագրատունի տոհմէ, եւ Գրիգոր եւ Կորիւն ի տոհմէ Արծրունեաց, եւ Վարազ-Շապուհ եւ եղբայր իւր ի տոհմէ Ամատունեաց, եւ բազումք այլք ի նախարարաց Հայոց, զորս ոչ բաւեմ մի ըստ միոջէ պատմել: Զնոսա զամենեսեան բարձեալ ի կենաց՝ անժառանգ առնէին զաշխարհս ի նախարարաց:

even though many times, as sinners, we have displeased Your sweet love for humanity. In mercy, remember Your servants. For behold, Your sanctuary and the place where Your name is glorified has become a cemetery for us. Therefore, praising Your blessed and awesome name, we place in Your hands our souls, our breath, and our bodies." Having said this, all of them together sought blessing from On High, and died.

Now [the Arabs] put the noble lords into prison in fetters and subjected them to unendurable torture, demanding much weight in gold and silver. And they told them: "When we receive this amount of silver, we will free you alive. As a result, they even made oaths to convince [the lords] to believe in their false promises. [The lords] because of the danger facing them, gave into their enemies' hands much of their accumulated treasures, both [treasures] which they had placed in hiding under water to keep them from these [Arab] pirates, and [treasures] kept on dry land. This was done so that perhaps they might save their own lives. But once they had been drained of their wealth, the infidels condemned them to death and hanged them. [Among those] seized were Smbat, son of Ashot from the Bagratid clan, Grigor and Koriwn from the Artsrunid clan, Varaz-Shapuh and his brother from the Amatuni clan, and numerous other Armenian lords whom I am unable to mention one by one. By eliminating all of them [the Arabs] emptied our land of its lordly heirs.

CHAPTER X

Յայնմ ժամանակի թափուր եղեալ աշխարհս Հայոց ի տոհմէ նախարարաց՝ մատնէին որպէս զոչխարս ի մէջ գայլոց: Եւ թշնամեացն ամենօրինակ չարեաց յարձակեալ ի վերայ՝ յանհուն աղէտս վտանգի պահէին զբնակիչս աշխարհիս Հայոց. որոց տաղտկացեալ յանհանգիստ նեղութեանցն՝ զհառաչանս եւ զաղաղակ հեծութեան բարձրացուցանէին յերկինս: Իսկ Սմբատ կիւրապաղատն եւ նախարարքն որ ընդ նմա գնացեալ մեկնեցան յաշխարհէս, եւ անցեալ խնդրեցին ի թագաւորէն Յունաց քաղաք բնակութեան եւ դադարս խաշանց իւրեանց. եւ նա տայր նոցա զքաղաքն որ անուանեալ կոչի Փոյթ ի կողմանս Եգեր աշխարհին. եւ բնակեցան ի նմա ամս Զ:

Իսկ Մահմետն կատարեալ զայս ամենայն չարիս՝ բարձրացեալ բողոք աշխարհիս հասանէր յականջս իշխանին Իսմայելի, որում անուն էր Վլիթ: Եւ վաղվաղակի առաքէ հրովարտակ եւ կոչէ զնա առ ինքն. եւ փոխանակ նորա առաքէ զԱբդլ-Ազիզ ոմն, որ էր խօթ լսելեօք. այլ խորագէտ, լի երկրաւոր իմաստութեամբ, առասպելախօս եւ առակարկու: Եւ իբրեւ հաստատեցաւ յիշխանութեանն՝ գրէր հրովարտակ առ նախարարս Հայոց, եւ հաւանեցուցանէր զնոսա դառնալ յիւրեանցական աշխարհս. եւ տայր նոցա գիր երդմամբ չափ ըստ սովորութեանն իւրեանց: Եւ իբրեւ վստահ եղեալ յուխտադրութիւն նորա՝ առին զքաղաքն յորում բնակեալ էին, եւ զգանձս քաղաքին եւ զըսպասս եկեղեցեացն յափշտակեալ յաւարի՝ դարձան ի Հայս, հատուածեալք ի կայսերէն Յունաց: Եւ կայսերն լուեալ՝

In this period, with the land of the Armenians devoid of its lordly clans, the situation resembled [that of a flock of] sheep surrounded by wolves. The enemies visited every sort of evil [upon us] as they attacked, keeping the inhabitants of the land of the Armenians in perpetual and disastrous crises. Plagued by these constant afflictions, [the people] raised their groans and sobbing cries On High. Meanwhile *Curopalate* Smbat and the lords with him arose and quit the land, requesting a city to dwell in from the Byzantine emperor and pasturage for their herds. [The emperor] gave them the city named Poti in the territory of the land of Egeria. And they dwelled there for six years.

When Muhammad had wrought all these evils, the protest which arose in the land reached the ears of the caliph of the Ishmaelites whose name was al-Walid. The latter immediately dispatched an edict summoning [Muhammad] to return to him and sending as his replacement a certain 'Abd al-Aziz, who was hard of hearing. Despite this he was sagacious and full of worldly knowledge, as well as a narrator of legends and fables. Once he had been confirmed in his authority, he wrote an edict to the Armenian lords convincing them to return to their own land and giving them a written oath in accordance with their custom. When they were certain [of the trustworthiness] of the pledge, they captured the city they were dwelling in and its treasures, ravished the church's ornaments as spoil, and returned to Armenia, detaching themselves from the Byzantine emperor. When the emperor heard about this,

ստրջացաւ ընդ եղեալ ապիրատութիւնն. եւ կոչեցեալ զառաջնորդս եկեղեցեաց, զմետրապօլիտն եւ զարքեպիսկոպոսունս՝ եւ հրամայէր նոցա նզովս գրել ի մատենի, եւ ի կատարման տօնին զատկաց հրամայէր ընթեռնուլ ի վերայ գործողաց ապիրատութեանն. քանզի ի տօնին յայնմիկ գործեցին զգործ անօրէնութեան: Եւ ի նոյն տօնի կարգաւորեցին ամի ամի զնոյն նզովս ընթեռնուլ մինչեւ ցայսօր. որ եւ տիրեաց իսկ ի վերայ նոցա, եւ եղեւ պատճառ կորստեան նոցա:

Իսկ Աբդլ-Ազիզն տիրեալ աշխարհիս Հայոց՝ խաղաղացոյց զամենայն յարձակմունս անիրաւութեան յաշխարհէս. եւ զխրոխտացեալ անզգամութիւն որդւոցն Իսմայելի սաստիկ կշտամբութեամբ ցածուցանէր: Շինէր վերստին զքաղաքն Դուին հզօրագոյն եւ ընդարձականիստ մեծութեամբ քան զառաջինն, եւ ամրացուցանէր դրամբք եւ դռնափակօք, անցուցանէր շուրջ զպարսպովն պարկէնս փոսից լցեալ ջուր յապաստան ամրոցին. քանզի ասէր զիւրմէ Աբդլ-Ազիզ «յառաջնում աւերածին Դունայ, եթէ ի ձեռն իմ եղեւ կործանումն քաղաքին, եւ ես կանգնեցից զսա. զի էի ես, ասէ մանուկ երկոտասնամեայ եւ ունէի սփածանելիս կարմիր: Եւ յորժամ զօրն Տաճկաց մարտնչէր ընդ քաղաքիս՝ մտի ես ընդ խողովակ մի եւ ելի ի պարիսպն, եւ ի բարբառ իմ ի ձայն ուժգին աղաղակեցի առ զօրն մեր, անդէն վաղվաղակի թօթափեցան պայիկքն նախամարտիկք, որք պահէին զպարիսպն եւ փախուստ դարձան. եւ յաղթութիւնն Իսմայելի զօրացաւ. եւ կործանեցաք զքաղաքս»: Զայս բերանով իւրով ասի պատմել զինքենէ:

he regretted their ingratitude and summoned the leaders of the church—the metropolitan and archbishops—and ordered them to write anathemas in a book. And he ordered that [these anathemas] be read out at the conclusion of the feast of Easter against the perpetrators of such ingratitude, since that act of impiety was carried out on that very feast. They arranged that these same anathemas be read out every year, right up to the present. [Such curses] had an effect on them and became the cause of their ruination.

'Abd al-Aziz ruled the land of the Armenians and pacified it [by stopping] all the unjust attacks upon it, severely rebuking and subduing the boastful callousness of the sons of Ishmael. He rebuilt the city of Dwin mightier and larger than before and fortified it with gates and locks, and surrounded it with a moat filled with water to protect the fortress. "For," 'Abd al-Aziz said about himself, "I was the one who destroyed Dwin before, and now I shall rebuild it. I was a twelve-year-old lad [then] wearing a red apron. When the *Tachik* troops were battling with the city, I crawled through a passageway and emerged on top of the wall. In my own language I loudly shouted out to our troops, which resulted in the weakening and flight of the guards who were protecting the wall and the triumph of the Ishmaelites. And we destroyed this city." They say that he recounted this story about himself.

ԺԱ

Զայնու ժամանակաւ դարձեալ գրգռէր սիրտ զօրավարին Մահմետի ի վերայ աշխարհին Ճենաց. եւ խնդրէր յիշխանէն Իսմայելի զօր բազում, եւ խոստանայր նմա՝ ածել զարքայն Ճենաց ի հնազանդութիւն ծառայութեան: Իսկ նորա գումարեալ զօր բազում եւ տայ ի ձեռն նորա իբրեւ արս ՄՌ: Եւ խաղացեալ Մահմետ ի կողմանցն Դամասկեայ բազմութեամբ զօրացն ի կողմանս արեւելից՝ անցանէր ընդ Ասորեստան, ընդ աշխարհին Պարսից եւ ընդ Խորասան. եւ երթեալ հասանէր ի մասն ինչ Ճենաց աշխարհին եւ բանակէր առ եզր գետոյն հզօրագունի, որ Բոտիսն կոչի: Գրէ հրովարտակ առ արքայն Ճենաց.

«Ընդէ՞ր, ասէ, դու միայն ընդվզեալ ոչ մտանես ընդ հնազանդութեամբ իշխանին մերոյ, զի ամենայն ազգք սարսեցին ի մէնջ: Արդ դու յո՞վ ապաստանեալ չհնազանդիս մեզ. մի՞ արդեօք իբրեւ զաղջկունսդ քո համարիս զմեզ, յորոց միջի փերեւեռեալ ճոխանաս: Այլ արդ եթէ ոչ մտցես ընդ լծով ծառայութեան մերոյ՝ գիտասջիր զի անապատ արարից զերկիրդ քո ի բնակչաց, եւ վախճան արարից արքայութեանդ քո: Բայց մի՛ յանհոգս լեալ յապաղեսցես զպատասխանի գըրոյս. այլ արագ դարձուսցես այսրէն»:

XI

During this period, once again the heart of general Muhammad [ibn Marwan] became inflamed, [this time] against the land of the Chinese. He requested many troops from the prince of the Ishmaelites and promised that he would bring the king of the Chinese into submission and service to him. [The caliph] mustered many troops, as many as 200,000 men, and gave them to him. With this multitude of troops, Muhammad left the area of Damascus and headed to the East, crossing Asorestan, the land of the Persians, and Khurasan, until he reached a part of the land of the Chinese. There he encamped by the banks of a mighty river, called Botis. He wrote an edict to the king of the Chinese, [with this import]:

> *"Why do you alone so stubbornly refuse to submit to our caliph, while all [the other] nations tremble with fear of us? In whom do you take refuge [through your act of] not submitting to us? Do you regard us as your maidens amongst whom you strut with studied elegance? Now if you do not enter under the yoke of service to us, grasp this: I will turn your country into a desert, [devoid] of inhabitants, and put an end to your kingdom. Do not negligently delay in responding to this letter; rather, do it immediately."*

Իբրեւ ընթերցաւ զգիրն արքայն Ճենաց, որ կոչէր Ճենբակուր՝ կոչէր առ ինքն զամենայն փշտիպանսն համահարզս իւր եւ խորհէր, թէ զի՛նչ տացէ բանիցն պատասխանի։ Եւ խորհեալ առ միմեանս՝ գրեն բանիցն պատասխանի եւ ասեն.

«Մի՞ արդեօք հզօրագոյն իցես դու քան զամենայն թագաւորս, որ ի սկզբանցն եւ այսր տիրեցին ի վերայ աշխարհի։ Բաբելոնցւոց թագաւորն, որ տիեզերաց տիրեաց, եւ Մակեդոնացւոցն եւ Պարսից ընդէ՞ր նոքա ոչ կարացին տիրել ի վերայ աշխարհիս մեր։ Այլ գիտասջի՛ր, զի լիրբ քան զամենայն շուն իցես դու եւ ի տոռն պագշոտութեան վարանեալ. եւ այդորիկ աղագաւ չար ցանկութիւն քո ի համբաւ գեղեցիկ կուսից իմոց խեղբս արկեալ՝ հարկեցոյց զքեզ դնել զանձն քո եւ զանձինս զօրացդ եկելոց ընդ քեզ, իբրեւ թէ ոչ գոյին գերեզմանք ի Դամասկոս անձանց ձերոց։ Այլ արդ գիտասջիր, զի աշխարհս մեր ոչ է մտեալ ընդ հարկաւ ուրուք. եւ ո՛չ ես ի յանձին կալայց. բայց թէ ընծայ յինէն խնդրեսցես ըստ օրինի թագաւորաց՝ տաց քեզ, եւ յարուցեալ երթիցես խաղաղութեամբ ի տեղի քո»։

GHEWOND'S HISTORY

As soon as the king of the Chinese, who was called Chenbakur, read this document he summoned to him all of his *p'shtipans*[33] and *hamaharzes*[34] and deliberated as to what response to give. Consulting with one another, they wrote a response of this sort:

> *"Could it be that you are mightier than any of the kings who have ruled over the world, from the beginning [of time] until now? How is it that the king of Babylon, who ruled the whole world, and the kings of the Macedonians and the Persians were unable to rule over our land? Understand that you are [merely] more impudent than any dog and are tangled up in the leash of lust. Because of it, you expressed your wicked desires about my beautiful virgins, and this has forced you to risk your life and the lives of those soldiers who have come with you. Could it be that there are no cemeteries in Damascus for your bodies? Now understand that our land has not been tributary to anyone, nor will I be the one to effect this. However, if you [merely] want a gift from me, after the manner of kings, I will give it to you. Then you can get up and go back to your place in peace."*

---

33 *P'shtipan:* guard.
34 *Hamaharz:* adjutant.

CHAPTER XI

Իսկ Մահմետի դարձեալ յղեալ առ Ճենբակուր՝ «տուր ինձ ասէ աղջկունս ԼՌ, եւ գնացից ի քէն խաղաղութեամբ. ապա թէ ոչ՝ պատերազմաւ ելից ընդդէմ քո»: Եւ յանձին կալաւ արքային Ճենաց պատգամին յղելոյ, եւ առաքեաց առ Մահմետ եւ ասէ. «մնա՛ այդրէն ի բանակի քում, մինչեւ կատարեցից զխնդրուածս քո»: Եւ նոյնժամայն հրաման ետ զօրաց իւրոց՝ կազմել սայլս վաչիւք դիպակօք, եւ զընտիրս հեծելոց իւրոց կուռ սպառազինութեամբ բառնալ ի վերայ սայլիցն փոխանակ աղջկանցն զորս խնդրեաց, որպէս զի կարասցէ զնոսա որսալ յորոգայթ իւր: Եւ եկեալ յեզր գետոյն՝ բանակէին ընդդէմ նոցա: Եւ էին ի վերայ սայլիցն աւելի քան զԽՈ արանց հեծելոց: Եւ ինքն Ճենաբակուր սակաւ արամբք բանակէր բացագոյն ի նոցունց իբրեւ վտաւանօք ինչ սակաւ, եւ առաքէր առ Մահմետ զօրավարն. «արի, ասէ, զոր հայցեցերն յինէն, զայս ԼՌ աղջիկս յամենայն իշխանութեան իմում ընտրեցի պատուաւորաց քոց: Արդ առեալ զպատուաւորս քո զօրուդ ըստ թուոյ աղջկանցս իմոց՝ անց յայսկոյս գետոյս, եւ տաց զաղջկունս իմ ըստ թուոյ վիճակաւ ում ումեք եւ հասցէ. գուցէ մարտ պատերազմի լինիցի ի մէջ զօրաց քոց»: Եւ ետ տանել նաւս յայնկոյս գետոյն, զի միանգամայն անցցեն առ նա: Իսկ նոցա անխորհուրդ մտօք ընտրեալ զպատուական զօրացն՝ անցին յայնկոյս գետոյն իբրեւ արք ԼՌ: Եւ իբրեւ վախճանեցին զանցանելն՝ հրաման ետ արքային Ճենաց յարձակել ի վերայ զօրուն Իսմայելի:

GHEWOND'S HISTORY

Muhammad again wrote to Chenbakur: "Give me 30,000 girls and I will leave you in peace, otherwise I will come against you in battle." So the king of the Chinese agreed to this and sent a messenger to Muhammad, saying: "Stay where you are in your army until I implement your request." Meanwhile he ordered his troops to put curtains around some carts and to conceal in them his heavily armed choice cavalry, in place of the requested girls. In this way he would catch them in his trap. Coming to the banks of the river, they encamped opposite them. Seated [hidden] in the carts were more than 40,000 cavalrymen. Chenbakur himself with a few men encamped a short distance from them and then sent [word] to General Muhammad: "Come and take the 30,000 girls which you requested from me and which I selected from throughout my entire kingdom for your notables. Now take from the notables of your army a number corresponding to the number of my girls, cross over to this side of the river, and I will give those arriving my girls by casting lots, so that there will be no squabbling or fighting among your forces." Then [Chenbakur] had boats sent across the river to fetch them. Now [the Arabs] foolishly selected 30,000 renowned men from their troops and sent them across the river. As soon as the crossing was finished, the emperor of the Chinese gave an order to attack the Ishmaelite soldiers.

CHAPTER XI

Եւ իբրեւ բախեցին զմիմեանս մարտիւ պատերազմի՝ վաղվաղակի եղին եւ որք ընդ վաչիւքն թագուցեալ էին, եւ ի մէջ առեալ կոտորեցին ի սուր սուրերի, մինչեւ ոչ մնաց ի նոցանէն ապրեալ եւ փախստական: Եւ հատին զլարս նաւուցն՝ զի մի ոք ապրեսցի. յորմէ ոչ ոք ապրեցաւ. բայց միայն Մահմետն սակաւ արամբք հեծեալ յերիվարսն՝ անկան ի գետն, ապաստանեալք ի քաջութիւն երիվարացն: Եւ այնպէս կորագլուխ ամօթով դարձեալ յարքայէն Ճենաց՝ գնացին յերկիր բնակութեան իւրեանց: Եւ ոչ եւս յաւել ելանել ի պատերազմ ի վերայ աշխարհին Ճենաց: Որ ամս Ժ եւ ամիսս Ը կեցեալ վախճանի:

Once the two sides had clashed in battle, those [soldiers] who were hidden by the curtains, emerged. [The Chinese] trapped [the Arabs] in their midst and put their swords to work [seeing to it] that no one survived to flee. They also severed the ropes [securing] the ships so that no one could survive. And no one did survive excepting Muhammad and a few men who leaped onto horses and jumped into the river, trusting in the bravery of their horses. Thus in deep shame did they return from the emperor of the Chinese to the country of their habitation. Nor thereafter did they ever go to the country of the Chinese to wage war. [Caliph al-Walid] ruled for 10 years and 8 months before dying.

ԺԲ

Յետ նորա փոխանորդէ զիշխանութիւնն Սուլէյման ամս Բ եւ ամիսս Ը, եւ վախճանի: Եւ այս է վարք նորա:

Սա յերկրորդ ամի իշխանութեան իւրոյ գումարէր զօրս բազումս եւ տայր ի ձեռս զօրավարին Մսլիմայ եւ առաքէր ի դրունս Կասպից: Որոց եկեալ եւ մարտ եղեալ ընդ զօրս Հոնաց որ ի Դարբանդ քաղաքի՝ հարին զնոսա եւ հալածեցին. եւ քանդեալ աւերեցին զդղեակապարիսպ ամրոցին: Եւ մինչդեռ քանդէին զպարիսպ ամրոցին՝ գտին վէմ մի մեծ ի հիմունս նորա, որ ունէր վերնագիր դրոշմեալ օրինակ զայս. «Մարկիանոս ինքնակալ կայսր շինեաց զքաղաք եւ զաշտարակս զայս բազում տաղանդօք յիւրոց գանձուց. եւ ի յետին ժամանակս որդիքն Իսմայելի քանդեսցեն զսա եւ յիւրեանց գանձուց վերստին շինեսցեն»: Եւ իբրեւ գտին զդրոշմ գրոյն զոր ունէր քարն՝ դադարեցին ի քակելոյ զպարիսպն. եւ կացուցեալ գործավարս ի վերայ՝ վերստին շինեցին զկործանեալ պարիսպն:

Եւ ինքն Մսլիմ առեալ զբազմութիւն զօրացն՝ անցանէր ընդ պահակն Ճորայ, ասպատակ սփռեալ յաշխարհին Հոնաց. եւ երթեալ բանակէր մերձ առ Թարգու քաղաքի Հոնաց: Իսկ բնակիչք աշխարհին իբրեւ տեսին զհէնն, որ զարթուցեալ հասանէր ի վերայ նոցա՝ վաղվաղակի ազդ առնէին արքային Խազրաց, որ անուանեալ կոչէր Խաքան:

XII

Sulaiman[35] succeeded [al-Walid] as caliph, ruling for two years and eight months and then dying. Here [follows an account of] his deeds.

In the second year of his reign [Sulaiman] assembled numerous troops, entrusted them to General Maslama, and sent him to the Caspian Gates. They arrived and fought against the Huns [Khazars] who were in the city of Derbent, striking and afflicting them. [The Arabs] demolished the walls of the fortress. While pulling down the fortress walls, they uncovered a large stone in the foundation which bore this inscription: "The autocrat emperor Marcian[36] built this city and these towers at great expense [with funds] from his treasury. In later times the sons of Ishmael will demolish it and rebuild it once more [with funds] from their own treasury." As soon as [the Arabs] discovered this inscribed rock, [they] ceased pulling down the wall. Then, after designating overseers, they started to rebuild the demolished wall.

Maslama took a multitude of troops and crossed through the Chora [Darband] Gates, raiding the land of the Huns. He went and pitched camp close to T'argu, a city of the Huns. Now as soon as the inhabitants of the land spotted the [Arab] bandits who had arisen and had come against them, they forthwith notified the king of the Khazars, whom they styled [the] Khaqan.

---

35 *Sulaiman* (715-717).
36 *Marcian* (450-457).

Իսկ նորա առեալ ընդ իր զբազմութիւն զօրացն եւ զամենայն յաղթանդամ հսկայազունսն իւր, որոց արիութիւն զօրութեանն հռչակեալ էր առ ամենայն ազգս՝ եւ եկեալ բանակէր մերձ առ նմա: Եւ ի բազում աւուրս մարտ եղեալ մարտնչէին ընդ միմեանս, ոչ գունդ առ գունդ, այլ ըմբշամարտ մարտիւ: Եւ յապաղէր Խաքանն զխառնամխի պատերազմն վասն գալստեան Ալփ Թարխանին, զոր էր կոչեալ ի թիկունս օգնականութեան: Իբրեւ ետես Սուլիման զանհուն զօրացն զբազմութիւն՝ վարանէր յանձն իւր, եւ խորհէր եթէ զիա՛րդ մարթասցէ հնարս գտանել, զի կարասցէ զերծանել ի նոցանէ: Եւ հրաման տուեալ զօրացն լուցանել հուր սաստիկ ի բանակին. եւ թողեալ զաղխս բանակին անդէն, զհարճս եւ զծառայս եւ զաղախնեայս եւ զայլ խառնիճաղանճսն՝ ճանապարհ կալեալ ընդ լեառն Կովկաս՝ կտորէր զանտառն, եւ ճանապարհ արարեալ զերծանէր մազապուր ի ձեռաց թշնամեացն: Եւ այնպէս կորագլուխ դառնայր լի ամօթով յաշխարհն Հոնաց:

Եւ կատարեալ զայս ամենայն՝ վախճանեցաւ Մսլիման:

The latter gathered up a host of troops, and all his gigantic and strong-bodied forces—whose renown for bravery was acclaimed among all peoples—and he came and encamped close [to the Arabs]. They did battle with each other for many days, but not [fighting] brigade against brigade. Rather, the combat was wrestling. The Khaqan was delaying entering the fray until the arrival of Alp T'arxan, whom he had called upon for assistance. When Maslama observed the countless multitude of troops [facing him], he began to doubt himself and wondered whether he could find some means of extricating himself from them. So he ordered his troops to kindle an enormous fire in the camp. Then, leaving behind his army's equipage, concubines, servants and serving women and all the rest of the camp rabble, [Maslama] cut a path through the Caucasus Mountains, destroying forests as he went. Thus was he able to take to the road and escape from the clutches of the enemy by a hairsbreadth. And thus did he return from the land of the Huns, with his head bowed in disgrace.

After all these events, Sulaiman died.

ԺԳ

Եւ յետ նորա փոխանորդէ զիշխանութիւնն Օմար ամս Բ ամիսս Ե, եւ վախճանի:

Զսա ասեն ազնուականագոյն քան զամենայն արս ազգատոհմին իւրոյ: Սա արար դարձ գերութեանն, զոր գերեաց Մահմետ յաշխարհէս Հայոց յետ այրելոյն զնախարարս աշխարհիս. զի էառ զբազում ամրոցս եւ գերեաց զարս եւ զկանայս: Եւ իբրեւ հաստատեցաւ իշխանութիւնն Օմարայ՝ արձակեաց զբովանդակ գերեալսն յիւրաքանչիւր տեղիս եւ խաղաղացոյց զաշխարհս որ ընդ իւրով իշխանութեամբ: Սոյն Օմար գրէ թուղթ առ Լեւոն կայսր Հոռոմց յաղագս ուսանելոյ զզօրութիւն հաւատոյս մերոյ, յորում էին պէսպէս հարցմունք, զորս համառօտ ի ներքոյ դրոշմեցից:

XIII

After [Sulaiman], 'Umar succeeded, ruling for two years and five months.[37]

They say that ['Umar II] was more noble than all the men of his clan. He effected the release from captivity of those whom Muhammad had led off from the land of the Armenians, after he had immolated the lords of our land. For [Muhammad] had seized numerous fortresses and had enslaved men and women. But once 'Umar's rule was established, he released all the captives to return to their own places and brought peace to the lands under his dominion. This 'Umar wrote a letter to the Byzantine emperor Leo[38] regarding the power of our faith, which was composed in the form of various questions. Below, briefly, we shall summarize it.[39]

---

37 *Umar II,* caliph 717-720.
38 *Leo III,* the Isaurian, 717-740.
39 The letter from 'Umar II to Leo III and its reply (Chapter 14) is regarded as a later interpolation and is not translated.

ԺԵ

Եւ զայս ի պատճէն պատասխանւոյ գրեալ կայսերն Լեւոնի՝ առաքէ ի ձեռն միոյ հաւատարիմ ծառայի իւրոյ առ Օմար իշխանն Իսմայելի. զոր իբրեւ ընթերցաւ՝ յոյժ պատկառանօք ամաչեաց զամօթ մեծ: Եւ ի ձեռն այսր թղթոյ առաւել եւս յաւելոյր զբարեխառնութիւն եւ զբարեմտութիւն առ ազգս քրիստոնէից, եւ ամենայն ուստէք բարեացապարտ զինքն ցուցանէր: Քանզի, որպէս նախ քան զայս պատմեցաք՝ գերեաց գերեդարձ առնէր եւ ամենեցուն շնորհէր զյանցանս նոցա ձրի թողութեամբ. ցուցանէր եւ առ իւրային ազգն մտերմութիւն լաւագոյն քան զառաջինսն, որ նախ քան զնա իշխանքն էին. քանզի զմթերս գանձուցն բացեալ՝ բաշխէր հռոգ սպայիցն:

Եւ յետ այսր ամենայնի եղելոյ վախճանէր:

XV

Such was the reply written by Emperor Leo and sent by one of his trusted servants to 'Umar, caliph of the Ishmaelites. When the latter read it, he was overcome by shame. As a result of this letter ['Umar] became more kindly and tolerant of Christian peoples and on every occasion demonstrated his benevolence. Indeed, as we narrated earlier, he was the one who released the captives and pardoned everyone's offenses without charge. He demonstrated the same good will toward his own people, more so than any of his predecessors ruling before him. Opening up the treasuries, he gave out stipends to the cavalry officers.

After all these events, he died.

ԺՁ

Իսկ ապա յետ նորա Յազկերտ ոմն տիրեալ ամս Ձ, որ էր այր ժանտ. եւ մոլեկանութեամբ շարժեցեալ բազում չարեօք մարտնչէր ընդ ազգիս քրիստոնէից. քանզի յածեալ յայսոյն պղծութեան բռնութենէ՝ տայր հրաման փշրել եւ խորտակել զկենդանագրեալ պատկերս ճշմարիտ մարդեղութեան տեառն մերոյ եւ փրկչին եւ նորին աշակերտացն: Խորտակէր եւ զնշան տէրունեան խաչին Քրիստոսի, զոր ուրեք ուրեք կանգնեալ էին յանուն ի պատճառս երկրպագութեան համագոյ Երրորդութեանն. քանզի յոյժ ստիպէր զնա մոլորութիւն այսոյն՝ ուս դնել եւ համբառնալ ընդ վիմին հաստատնոյ. վիմին ինչ ոչ կարէր ստնանել, բայց ինքն առ վիմին խորտակեցաւ: Եւ ի գլուխ մոլորութեանն հասեալ՝ տայր հրաման խոզապանութեան եւ ջնջէր յերկրէ զբազմութիւն անսուրբ անասնոցն արօտական խոզիցն, զի դարձեալ յայս շրջեալ փոխեաց զմիտս նորա մոլորութիւն այսոյն: Եւ ի կատարումն եկեալ՝ մերձենայր վախճան նորա, եւ այնպէս խեղդամահ սատակէր ի բռնութենէ այսոյն, զարժանաւորն ընկալեալ զդատաստան ի բոլորեցուն տեառնէն: Եւ այսպէս դառնութեամբ սատակէր ի կենաց:

XVI

After ['Umar] a certain Yazid[40] ruled for six years. He was a filthy man who wrought acts of fanatical cruelty toward our Christians. Motivated by an impure evil spirit, he ordered that the life-giving icon of the true incarnation of our Lord and Savior and his disciples be broken up and destroyed. Similarly he smashed the dominical cross(es) of Christ which had been erected in many places to aid in worshipping the Trinity. This was because the demon of fanaticism forced him to try to budge the rock of faith. As it happened he was unable to move that rock and instead was crushed by it. Having reached the apex of his fanaticism, he ordered the mass slaughter of pigs, which resulted in the obliteration of the bulk of herds of these unclean animals from the country. For once again fanaticism was roused in his mind by the demon. When [Yazid] was approaching his demise and was close to death, the violence of that demon choked him and he perished. And thus did he receive a worthy judgement from the Lord of all, and thus did he perish bitterly.

---

40 *Yazid* II, 720-724.

ԺԷ

Տիրէ դարձեալ փոխանակ նորա Շամ որ է Հեշմ՝ ամս ԺԸ: Եւ ասյառաջնում ամի իշխանութեանն իւրոյ խորհուրդ վատ ի մէջ առեալ՝ առաքէր զոմն զօրավար, որում անուն էր Հերթ՝ աշխարհագիր առնել ընդ աշխարհիս Հայոց վասն ծանրացուցանելոյ զանուր լծոյ ծառայութեան հարկատրութեան ազգի ազգի չարեօք, որպէս թէ դժուարելով ընդ բարեմտութիւնն Օմարայ, եթէ անիրաւութեամբ ծախեաց զմթերս գանձուցն, զորս համբարեալ էր իշխանացն որ յառաջ քան զնա: Եւ բազում վտանգ հասուցանէր աշխարհիս, մինչ զի ամենեցուն հառաչել ի վերայ անհանգիստ նեղութեանցն, յորմէ ոչ գոյր ապրել ումեք յանհնարին վըտանգիցն: Եւ յայնմհետէ առաւել ծանրացաւ ձեռն նորա ի վերայ աշխարհիս Հայոց:

XVII

[Yazid II] was succeeded by Sham, also known as Hisham,[41] who ruled for nineteen years. In the first year of his reign, he conceived the disastrous plan of sending a certain general named Harith to conduct a census throughout the land of the Armenians. This was aimed at making [even] more onerous the oppressive yoke of tax service through diverse evils, and at showing dissatisfaction with the benevolence of [the former caliph] 'Umar, as though he had inappropriately spent the treasures which had been accumulated by the caliphs preceding him. [Yazid II] visited many calamities upon this land of ours, to the point that everyone was groaning from the unrelenting, inescapable, and unendurable oppression. Thereafter his hand was to weigh even more heavily upon the land of the Armenians.

---

41 Hisham (724-743).

ԺԸ

Զայնու ժամանակաւ դարձեալ ամբոխ յուզէր ի կողմանցն հիւսիսոյ. քանզի մեռաւ արքայն Խազրաց որում Խաքանն կոչէին: Իբրեւ ետես մայր նորին, որոյ անունն էր Փարսբիթ՝ հրաման տայր զօրավարին որ Թարմաչ կոչէր, զօր բազում գումարել ի վերայ աշխարհիս Հայոց: Եւ միաբանեալք ելանէին ընդ աշխարհն Հոնաց եւ ընդ պահակն Ճորայ ընդ երկիրն Մազքթաց, ասպատակէին յաշխարհն Փայտակարան, անցանէին ընդ գետն Երասխ յերկիրն Պարսից, աւերէին զԱրտաւէտ եւ զԳանձակն շահաստան եւ զգաւառն որ Ըթշիբագուան կոչի, եւ զՍպատար ոմն Փերոզ եւ զՈրմիզդ Փերոզ: Եւ ի դիմի հարան զօրքն Իսմայելի, եւ Ջառայ ոմն անուն զօրավար նոցա: Կոտորէին զամենեսին ի սուր սուսերի եւ ինքեանք ասպատակէին ի գաւառն Ջարեւանդ եւ պաշարէին զամրոցն որ անուանեալ կոչի Ամպրիոտիկ. եւ զաղխ բանակին եւ զգերեալսն ի սրոյն թողուին մերձ ի քաղաքն Արտաւէտ: Եւ մինչդեռ մարտնչէին ընդ ամրոցն Ամպրիոտիկ՝ յանկարծակի գունդ մի ի զօրացն Իսմայելացւոց եւ զօրավար նոցին, եւ անուն զօրավարին նոցա Սեթ-Հարաշի՝ անկանէր ի վերայ բանակի նոցա սակաւ արամբք, եւ զբազումս հարեալ սատակէր ի սուր սուսերի իւրոյ եւ թափէր զգերեալսն ի սրոյ նոցա: Վաղվաղակի հասանէր գոյժ աղմկին առ զօրսն, որ պահէին զամրոցն Ամպրիոտիկ. եւ իբրեւ լուան զչարիսն, որ հասին ի վերայ նոցա՝ թողին զբերդն զոր պաշարեալ էին, եւ հասին ի վերայ հինին, որ եկեալ էր ի վերայ բանակի նոցա: Որում ի դիմի հարեալ նոյն զօրքն՝ հարկանէին ի նոցանէ բազում հարուածս եւ յափշտակէին ի նոցանէ զնշան դրօշին, որ էր պատկեր պղնձի, զոր դեռ եւս ունին առ ինքեանս գունդ Հարաշեայ իբրեւ զպատիւ քաջութեան նախնեաց իւրեանց:

XVIII

In this period once again there was unrest in the northern areas. For the Khazar king, who was styled the Khaqan, had died. When his mother who was named P'arsbit' saw this, she commanded the general named T'armach' to assemble a large force and to go against the land of the Armenians. In a unified body [the troops] passed through the land of the Huns, through the Chora Pass, through the country of the Mazk'ut', raiding the Paytakaran land, crossing the Arax River into the country of the Iranians, ruining Artawe't and Gandzak *shahastan*[42] as well as the districts called E"t'shibaguan and Spantaran P'eroz and Ormizd P'eroz. [The Khazars] encountered the Ishmaelite army and its general, who was named Djarrah.[43] [The Khazars] killed all of them and spread about raiding in the district of Zarewand, also besieging the fortress called Ampriotik. They left the army equippage and those whom they had enslaved by their swords near the city of Artawe't. But while they were battling against Ampriotik fortress, suddenly a brigade of Ishmaelite troops under their general, named Sa'id [ibn Amru] al-Harashi,[44] fell upon their camp with a small number of men. [The Arabs] killed many of them and took those they had enslaved. The bad tidings of this event reached the troops who were besieging the fortress of Ampriotik. When [the Khazars] heard about the evils which had befallen them, they left that fortress which they were besieging and went against the brigand who had attacked their camp. When [the Khazars] clashed with the same [Arab] troops, [the Arabs] dealt them many blows, even seizing their [battle] emblem. This was a bronze statue/image which the Harashi brigade have with them to this day as a testament to the bravery of their forbears.

---

42 *Shahastan* refers to a large, commercial or capital city.
43 *ibn al-Hakami*, ruler of Arminiya, 722-725, 729-730.
44 *al-Harashi*, ruler of Arminiya, 730-731.

CHAPTER XVIII

Եւ յետ այնորիկ առաքէ իշխանն Իսմայելի զՄսլիմ զեղբայր իւր բազմութեամբ զօրաց ի թիկունս օգնականութեան գնդին Հարաշեայ: Եւ իբրեւ եկն Մսլիմ եւ ետես, զի ոչ ժամանեաց հասանել ի մարտ պատերազմին, քանզի ստացաւ զյաղթութիւնն Սէթն, զի զոմանս հարեալ էր կոտորմամբ սրոյ եւ զոմանս փախստական արարեալ, եւ զաւար եւ զգերութիւն թափեալ՝ բազում թշնամանօք կշտամբեալ խոշտանգէր զնա, եւ կամէր սպանանել. այլ ոչ կարէր յանդիման տալ հրաման, քանզի ազգատոհմն նորա յարուցեալ բարձրացուցանէին զաղաղակ: Եւ ոչ իշխեաց ի կամս անձին իւրոյ, այլ լուռ եղեալ արգելոյր ի խորհրդոց իւրոց եւ դառնայր առ իշխանն Իսմայելի:

Subsequently the Ishmaelite caliph sent his brother, Maslama[45] with a multitude of troops to provide auxiliary assistance to the Harashi brigade. But when Maslama arrived there he found that he had not come in time to participate in the warfare, since Sa'id had already secured the victory. And so, [treacherously] he put some [of al-Harashi's men] to the sword, put some to flight, and expropriated their booty and captives. He insulted, upbraided, and tortured [Sai'id al-Harashi] and even wanted to kill him. However, he was unable to openly give such an order because [al-Harashi's] clansmen had arisen and were creating an uproar. So he did not dare to work his will. Rather, he silently checked these plans of his and returned to the Ishmaelite caliph.

---

45 *Maslama:* ibn Abd al-Malik.

ԺԹ

Եւ յետ այսորիկ սկսաւ գոռալ ընդդէմ թագաւորին Յունաց. եւ յղէր դեսպան առ Լեւոն կայսր Հոռոմոց՝ գալ նմա ի հնազանդութիւն հարկատրութեան։ Եւ իբրեւ ոչ ունէր յանձին կայսրն Լեւոն գիրս պատգամին յղելոյ՝ սրտմտեալ առաքէր զՄսլիմ զեղբայր իւր զօրու ծանու ի վերայ աշխարհին Յունաց։ Որոյ առեալ զբազմութիւն զօրացն՝ անցանէր ընդԿիլիկիա յԱսորւոց աշխարհն Միւսիգիոն, որ թարգմանի Միջերկրեայք եւ երթեալ հասանէր յաշխարհն Բիւթանացւոց, եւ բանակէր առ եզեր գետոյն հզօրագունի, որում Սագառիսն կոչի։ Պատրաստին ապա եւ զօրքն Յունաց եւ գաղթեն զբնակիչս աշխարհին յամրոցս եւ ի քաղաքս ամուրս յերեսաց Իսմայելի. եւ ինքեանք բանակէին ընդդէմ նոցա ի միւս կողմն գետոյն, ամրացուցեալ զտեղի բանակի իւրեանց պարկենաւ փոսիւ շրջապատեալ, եւ այնպէս նստեալ պահէին ոչ սակաւ ժամանակս։ Իսկ ապա ի թագաւորէն Լեւոնէ բազում զգուշութիւն հասանէր օր ըստ օրէ առ զօրավարն Յունաց, զի մի նենգութեամբ որսասցի յորոգայթ նոցա, այլ միայն նստեալ պահեսցէ զնոսա առանց պատերազմելոյ։

XIX

After this [the caliph] began to threaten the Byzantine emperor. He sent an emissary to Leo,[46] emperor of the Byzantines that he submit to him and pay taxes. When Emperor Leo did not acquiesce to the terms laid out in the message, [the caliph], enraged, sent his brother Maslama with a large force against the land of the Byzantines. [Maslama], taking the multitude of troops, crossed through Syrian Cilicia to the land of Mysia, [located in an area] which translates as "between the lands" in [western] Asia Minor. Thence he reached the land of Bithynia and encamped by the banks of a swiftly flowing river called the Sangarius. The Byzantine forces also made preparations, moving the residents of the land into fortresses and fortified cities to shield them from the Ishmaelites. Then they encamped opposite them on the other shore of the river, fortifying their encampment with a surrounding ditch. Thus did they remain waiting for some time. Meanwhile, on a daily basis, Emperor Leo kept sending words urging great caution to the Byzantine general so that [his forces] not fall into a treacherous trap. Rather he wanted them merely to remain there and hold them without warfare.

---

46 *Leo III*, the Isaurian, 717-741.

CHAPTER XIX

Իսկ նորա ոչ զգուշացեալ ըստ հրամանի կայսերն. քանզի քարոզ կարդացեալ զօրավարին Իսմայելի՝ ասպատակ սփռել զօրաց իւրոց ընդ կողմանս, առնուլ աւար եւգերութիւն բազում եւ դառնալ յաշխարհն իւրեանց. եւ լուեալ զայս զօրավարին Յունաց՝ հրամայէ զօրաց իւրոց պատրաստութեամբ վառիլ զկնի նոցա: Եւ իբրեւ ելին զկնի զօրուն Իսմայելի՝ եւ նոյնժամայն տեսին եւ զգացին զգալուստ նոցա զկնի իւրեանց, քանզի զօրացաւ մէգ փոշէզգած ի վերայ նոցա: Եւ նոքա զատուցեալ զաղխ բանակին իւրեանց՝ եւ զգունդս զօրաց յերիս բաժանեալ՝ կացուցանէին դարանամուտս աստի եւ անտի, եւ ինքն Մըսլիմ եւ մասն ինչ զօրացն ընդդէմ նոցա ճակատէին: Իսկ նոքա ի դիմի հարեալք նոցա անպատրաստ՝ հանդերձ աղխիւ բանակին իւրեանց անկան ի մէջ թշնամեացն. եւ յարուցեալ դարանամուտքն ի թաքստեանցն՝ ի մէջ արարեալ հարին զբազումս ի զօրուէն Յունաց կոտորմամբ սրոյ, եւ ինքեանք ասպատակ սփռեալ զկողմամբքն այնոքիւք՝ առնուին զգաւառս եւ զքաղաքս երկրին այնորիկ, զորոց զթիւ գերելոցն ասեն աւելի քան Ը բիւր մարդկան, եւ դարձան բազում խնդութեամբ յաշխարհն իւրեանց:

However, [the Byzantine general] did not take care as the emperor had ordered. For he had heard that the Ishmaelite general had called upon his troops to spread about raiding here and there, to take a lot of booty and captives and return to their own land. When the Byzantine general learned about this, he ordered his troops to arm and attack them. Now when [the Byzantine troops] had arisen and were approaching the Ishmaelite troops, the latter immediately were aware of their pursuit since [the Byzantine army had stirred up and was] accompanied by a great cloud of dust. [The Ishmaelites] separated their equipage and divided their mass into three fronts, setting up ambuscades here and there. Maslama himself was at the head of one part of the troops and clashed with [the pursuers]. [The Byzantines] who faced them were unprepared and landed in the midst of their foe together with their gear. Then those hiding in the ambuscades sprang out, trapping them and they put to the sword many of the Byzantine troops. After this [the Arabs] spread about raiding the surrounding areas taking the districts and cities of that country. It is said that the number of people taken captive was more than 80,000. Then [the Arabs] joyfully returned to their own land.

CHAPTER XIX

Եւ տեսեալ զլաղթութիւնն մեծ իշխանին Իսմայելի՝ բազում խնդութիւն առնէր նախարարօքն իւրովք, եւ մեծամեծ պատուօք պատուէր զեղբայր իւր եւ օրհնէր յոտին նորա զյաղթութիւնն զոր արար: Եւ զառ աւարին բաշխէր զօրացն զգերեալսն ստանայր ի ծառայս եւ յաղախնայս եւ հանգստեամբ դադարէր յամին այնմիկ:

When the caliph of the Ishmaelites observed the magnitude of the victory, he and his lords made merry. He gave magnificent gifts to his brother and blessed the triumph which he had achieved. As for the loot including the men and women slaves and equippage, he divided it among his troops. For the rest of that year [the caliph] desisted [from further warfare].

Ի

Իսկ ի գալ միւսոյ ամին դարձեալ զօր գումարէր բազում քան զառաջինն եւ տայր ի ձեռս զօրավարին Մսլիմայ եւ առաքէր ի վերայ աշխարհին Յունաց: Որոյ ուխտ եղեալ երդմամբ չափ եղբօր իւրում՝ ոչ դառնալ առ նա մինչեւ կատարեսցէ զկամս անձին իւրոյ, զի ուխտ եղեալ էր զայս, բառնալ զթագաւորութիւնն եւ կործանել զքաղաքն ի հիմանց, որ կոչի Կոստանդնուպոլիս, եւ զզանազան հիմնարկութիւնս սրբոյն Սոփիայ, որ ի վերնոյն իմաստութենէ շինեցաւ յերկրի տուն Աստուծոյ՝ պղծալից դիցապաշտութեանն շինել տեղի երկրպագութեան:

Եւ զայս ամենայն հաստատեալ ի սրտի իւրում՝ խաղացեալ յառաջ բազմութեամբ զօրացն հասանէր յաշխարհն Յունաց եւ բանակէր առ եզր ծովուն Պոնտոսի ամենայն աղխիւն իւրով: Եւ իսկ եւ իսկ խրոխտալով ընդ արքային Լեւոնի՝ յղէր դեսպան եւ գրէր հրովարտակ առ նա այպանութեան, յորում էին բազում ձաղանք, որ ունէր օրինակ զայս.

XX

Now at the commencement of the next year once more [the caliph] assembled a force—larger than the previous body—entrusted it to general Maslama, and sent it against Byzantium. [The caliph] made his brother swear an oath that he would not return to him until he had implemented his will, for he had vowed that he would destroy that empire and raze to the foundations the city called Constantinople and the numerous institutions of [the cathedral of] St. Sophia, which had been built with heavenly wisdom as a house of God on earth. And [he swore that] he would build there a place of loathsome devil-worship, [a mosque] as a place of worship.

With all these [promises] as his firm intent, [Maslama] advanced with the multitude of his troops to the land of the Byzantines. He pitched camp by the shores of the Pontic [Sea] with all his materiel. As if to demonstrate his surliness toward Emperor Leo, [Maslama] dispatched an emissary to him with a letter full of contempt and ridicule, with the following import:

«Զի՞նչ է յամառութիւնդ, յոր ապաստանեալ ոչ եկիր ի հնազանդութիւն հարկատրութեանս մերոյ. զի ամենայն ազգք սարսեալ դողացին ի մէնջ: Իսկ դու յո՞վ ապաստանեալ այդպէս կարծրանաս ընդդէմ մեր. ո՞չ ապաքէն լուար զչարիսն, զոր ածաք ի վերայ ամենայն թագաւորութեանց, որք ընդդէմ դարձան իշխանութեանս մերոյ, զորս խորտակեալ փշրեցաք իբրեւ զանօթ խեցեղէն, եւ մեր եղեն ամենայն պարարտութիւնք երկրի. քանզի հրամանն տեառն եւ խոստումն որ առ հայրն մեր Իսմայէլ՝ ի գլուխ ել, եւ զամենայն թագաւորութիւնս վանեալ պարտեցաք: Կամ թէ եւ զայդ ո՞չ տեսեր, ո՛րչափ վըտանգ եհաս ի վերայ երկրիդ քո յաւուրս քոյոյ թագաւորութեանդ. զի ձեռամբ իմով աւերեցի զբազում քաղաքս եւ սրով իմով կոտորեցի զբազմութիւն զօրաց քոց: Այլ արդ գիտութիւն լիցի քեզ, զի եթէ ոչ մտցես ընդ հարկատրութեամբ իմով՝ ուխտ եդեալ եմ երդմամբ՝ զի ոչ տեսից զերկիր ծննդեան իմոյ, մինչեւ բարձից զթագաւորութիւնդ քո եւ կործանեցից զամրութիւն պարսպաւոր քաղաքիդ, յոր յուսացեալդ ես, եւ զանուանեալդ քո Սոփիա, որ է տուն երկրպագութեան քո՝ արարից ի լըւալիս զօրաց իմոց, եւ զփայտ խաչիդ որում երկրպագես՝ խորտակեալ ջախջախեցից ի գլուխ քո. զի օգնութիւնք եւ պարծանք հաւատոյս մերոյ մեծ է առաջի տեառն»:

"Why this stubborness, and why have you not come forth to us as a tax payer? For all nations quake in fear of us. Whom are you relying on to help you that you reject us? Could it be that you have not heard about the evils we visited upon all those kingdoms which turned against our sovereignty, kingdoms which we have smashed and pulverized like clay pots? All the world's wealth has become ours because the Lord's command and the promise [made] to our father Ishmael has been fulfilled. And indeed, we have conquered every kingdom. Or perhaps you have not observed how many calamities have been visited upon your country during your reign. With my own hand I have ruined many of your cities, and with my own sword I have slain multitudes of your troops. Know this: if you do not become tributary I have sworn an oath that I will not return to the land of my birth until I have eliminated your kingdom and wrecked the fortifications of that city whose walls you rely on. And as for that place of your worship which you named [Haghia] Sophia, I will turn it into a bath house for my soldiers and the wood of the cross that you revere I will smash over your head, for the glory of our faith is great before the Lord and He will aid us."

CHAPTER XX

Զայսոսիկ եւ եւս վատթարագոյնս յղէր նախատինս առ կայսրն Լեւոն: Իսկ նորա ընթերցեալ զգիրն այպանութեան՝ վաղվաղակի հրաման տայր հայրապետին հանդերձ սինկղիտոսիւն եւ ամենայն բազմութեամբ քաղաքին՝ մի պակասեցուցանել զհնչիւն փառատրութեան ի սրբոյն Սոփիայ մինչեւ յերիս աւուրս: Եւ դղրդեցաւ ամենայն քաղաքն ի տեղի պաշտամանն ըստ հրամանի կայսերն: Ապա եւ ինքն թագաւորն յարուցեալ՝ ժամանէր ի սուրբ քաւարանն եւ զգիր նախատանացն առեալ ի ձեռն տարածեաց առաջի տեառն, ըստ նմանութեան Եզեկեայ, յուշ առնելով զբազմախնամ ներողութիւն փրկչին մերոյ, զոր ի սկզբանց պահեաց զողորմութիւն առ սիրելիս իւր: Մաղթէր արտասուօք զբոլորեցունն Աստուած՝ օգնական լինել եւ ի վրէժխնդրութիւն հասանել չարասէր թշնամւոյն: Յուշ առնէր եւ զեպերանս նախատորդւոյն, ասելով զդաւթեանն բանն. «ո՛րչափ չարացաւ թշնամին ի սրբութեան քում, պարծեցան ատեցողքն ի մէջ բարեկենդանութեան իւրեանց, եդին անձամբ անձանց զյաղթութիւն, եւ զայցելութիւնն ի վերուստ ոչ ծանեան»:

Զայս եւ զսոյնպիսիս բազումս հեղոյր առաջի տեառն խոստովանութիւնս, յերկարաձգեալ մինչեւ յերիս աւուրս անճաշութեամբ կատարէր զուխտ աղօթիցն: Իսկ յետ այսորիկ գրէ հրովարտակ առ Մսլիմ զօրավարն Իսմայելի, որ ունէր զօրինակ զայս.

[Maslama] wrote these and worse insults to Emperor Leo. [Leo], as soon as he had read the mocking letter ordered the patriarch,[47] the senate, and the entire multitude of the city to ceaselessly glorify [God] for three days at [the cathedral of] St. Sophia. By the emperor's command the entire city was aroused [to go] to the place of worship. Then the emperor himself arose and went to the blessed sanctuary holding out the letter of insults in his hand, like Hezekiah invoking the indulgent forgiveness of our Savior who from the start had reserved mercy for those dear to him. Tearfully did [Leo] beseech the God of all to give aid [to the Byzantines] and to exact vengeance on the malevolent enemy. He also mentioned the condemnation of the reproacher, reciting the Davidic psalm which says: "How the enemy have corrupted Your holy place and Your enemies have boasted of their wealth. They set themselves their own victory and did not recognize the visitation from Heaven."[48]

This verse and many others like it did he pour forth before the Lord in confession, prolonging his prayers with fasting for three days. After this he wrote a letter to General Maslama with the following import:

---

47 Germanus (715-730).
48 Psalm 73:3-4.

CHAPTER XX

«Ընդէ՞ր պարծեցար ի չարութեան, հզօ՛րդ զանօրէնութիւն, եւ սրեցեր իբրեւ զածելի զնենգութիւն եւ ամենակալին ընդվզեալ մեծաբանեցեր. զապիրատութիւն ի բարձունս խորհեցար զՔրիստոսէ փրկչէն մերմէ եւ զվերընկալ աթոռոյ նորա: Վասն որոյ յուսացեալ յողորմութիւն նորա, զոր նախատեցեր, եթէ հատուցի քեզ փոխարէն չարութեանդ քո, եւ զբերանդ պղծութեան զոր բացեր ի վերայ թագաւորին թագաւորաց եւ քաղաքիս նորա եւ տաճարի փառաց անուան նորա եւ իմ, զի պահապան եմ աթոռոյն Քրիստոսի՝ կարկեացէ տէր ըստ նզովից մարգարէին Դաւթի, որ ասէ, թէ խցցին բերանք այնոցիկ, որ խօսին զանօրէնութիւն: Այլ մեք ոչ եթէ յաղեղն մեր պարծիմք, եւ ոչ սրով մերով կեցցուք, այլ աջ տեառն եւ բազուկ նորա եւ պահպանող զօրութիւն լուսոյ երեսաց նորա» կարող է խորտակել զայնոսիկ, որ պարծին յամբարտաւանութիւն իւրեանց իբրեւ զքեզդ, որ ոչ ածեր զմտաւ երբէք, եթէ զորս խողխողեաց սուր քո, եւ կամ գերեցան յերկրէս իմմէ՝ խնդրի արիւն նոցա ի ձեռաց քոց: Քանզի ոչ վասն արդարութեան գործոց քոց, այլ վասն մերոց անօրէնութեանց թողացոյց զգաւազան մեղաւորաց ածել ի վիճակս արդարոց, զի զչափ առցուք տկարութեանս մերոյ եւխրատեսցուք գնալ ըստ կամաց հաճոյից արարչին: Այլ դու փորձեսցե՛ս զտէր Աստուած մեր. զի կարող է զքեզ ամենայն բազմութեամբ քո մատնել խորոց ծովուդ, ծփելով զջուրս ծովուդ, որպէս զխստասիրտն Փարաւոն մատնեաց խորոց Կարմիր ծովուն: Քանզի գաւազանն Մովսիսի էր, որով դարձաւ ջուրն ի վերայ եգիպտական զօրուն, եւ խորասոյզ կորստեամբ դատեցաւ, եւ գաւազանն այն ունէր օրինակ զամենազօր նշանի խաչիս Քրիստոսի, որ ի քէն այսօր նախատեալ եղեւ:

"Why do you take pride in your wickedness, chief of the infidels? Why do you sharpen your treachery like a razor? Why do you brazenly boast before the Almighty? You insolently envision our Savior and His throne. For these reasons we hope that His mercy which you insult will repay you for your wickedness and that He will silence that abominable mouth of yours which you opened against the King of Kings and His city, and this temple to the glory of His name, and against me, the protector of the throne of Christ. [May God punish you] in accordance with the curses of the prophet David, who said that those mouths which speak iniquity will be silenced. As for us, we do not boast of our bows nor do we live by our swords. Rather, it is the right hand of the Lord and His arm and the protecting power of the light of His face which can destroy those who boast in their impudence, the way you do. It has never entered your mind that blood will be demanded from you for those you slaughtered with your sword and those you led into slavery from my country. That is because it was not due to the righteousness of your deeds but because of our own impiety that [God] permitted the rod of sinners to be visited upon the righteous, so that we take measure of our weakness and be counseled to behave according to whatsoever pleases the Creator. You are testing the Lord our God. But He can sink you and all your multitude in the depths of the sea by agitating the waves, precisely the way the hard-hearted Pharaoh was consigned to the depths of the Red Sea. It was the wand of Moses which turned the waters upon the Egyptian troops and destroyed them by drowning. That wand was the model of the all-powerful Cross of Christ which today you have insulted.

Այլ արդ եթէ դառնալով դարձցիս յինէն՝ ընտրեցեր զբարին անձինդ եւ զօրացդ քոց. ապա թէ ոչ՝ զոր ինչ ստիպիսդ ի խորհուրդ քո՝ արա՛ վաղվաղակի։ Եւ տէր արասցէ զբարին եւ զհաճոյսն առաջի իւր, եւ զդատաստանսն իւր դատեսցի եւ զժողովուրդ իւր փրկեսցէ եւ զնեղիչս մեր կորագլուխ ամօթով դարձուսցէ ի մէնջ»։

Իսկ իբրեւ ընթեռնոյր զայս հրովարտակ զօրավարն Իսմայելի՝ եւս առաւել սրտմտէր բարկութիւն նորա. եւ զայրացեալ գազանաբար համբառնայր մարտնչել ընդ հաստատուն վիմին, զի որսասցի յորոգայթ իւր ըստ արժանւոյն. զի ի տեառնէ խստանայր սիրտ նորա։ Եւ տայր հրաման զօրաց իւրոց նաւս կազմել. եւ վաղվաղակի կատարէր հրամանն, քանզի զբազում աւուրս պատրաստեալ էր զնաւսն։ Եւ նոյնժամայն մտեալ ի նաւսն ամենայն աղխիւն իւրեանց՝ երթեալ մերձենայր ի քաղաքն։ Իբրեւ ետես կայսրն Լեւոն զբազմութիւն զօրացն անտառացեալ ի վերայ ծովուն՝ տայր հրաման կազմել զվանդակակապ կազմած երկաթեղէն պարսպին, եւ աղխեալ զդուռն շղթայագործ ամրոցին՝ եւ ոչ ումեք ետ պատերազմել ընդդէմ թշնամեացն. քանզի մնայր ի վերուստ լինել այցելութիւն նմա եւ վրէժխնդրութիւն ըստ գործոց իւրոց։ Եւ իսկոյն հրամայէ հայրապետին հանդերձ սինկղիտոսիւն եւ ամենայն բազմութեամբ քաղաքին՝ կատարեալ եւ ջերմ հաւատով առնուլ ընդ ինքեանս մարտակից զանյաղթելի եւ զպայծառացեալ նշան խաչին Քրիստոսի։ Եւ ինքն թագաւորն ընդ ամենայն բազմութեանն բառնայր զանպարտելի յաղթութիւնն ի վերայ ուսոցն, եւ ժողովուրդն զհնչիւն փառաւորութեանն

"But now, if you turn around and distance yourself from me you will choose what is good for yourself and for your troops. Otherwise quickly do whatever is obsessing you. And let the Lord determine what is good and pleasing in His presence, and let Him pronounce the verdict. Let Him save His people and deliver us those who have troubled us, with their heads bowed down in disgrace."

As soon as the Ishmaelite general read this letter he became even more furious and rose up like a wild beast to do battle against the solidity of a rock, so that he be caught in his own trap, as was fitting. For it was the Lord Who hardened his heart. Then he ordered his soldiers to prepare the boats and they implemented this command at once, since the ships had been in readiness for many days. [General Maslama] took ship right away with all his gear, and approached the city [of Constantinople]. When Emperor Leo saw the multitude of troops—like a forest on the sea—he ordered the iron fence for the wall to be secured, and closed the doors of the fortress with a chain, and did not allow anyone to fight the enemy. For he remained awaiting a visitation from On High and [was waiting to see] vengeance meted out [to Maslama] in accordance with his deeds. [Leo] immediately ordered the patriarch, the senate, and the entire multitude of the city to take the invincible and glorious sign of Christ's Cross with them in steadfast faith. The emperor himself went through the midst of the crowd

բարձրացուցանէին ի վեր եւ զբուրումն անուշահոտութեան խնկոցն, եւ զպայծառութիւն մոմեղինացն եւ ջահիցն առաջի եւ զկնի բերելով ի պատիւ յաղթող եւ պատուական խաչին: Եւ բացեալ զդուռն քաղաքին՝ ելին արտաքս ամենայն բազմութիւն, համբարձեալ զնշան խաչին ի վերայ ջուրցն ասելով, «օգնեա՛ մեզ, Քրիստոս որդի Աստուծոյ, փրկիչ աշխարհաց»: Եւ զայս բարբառ երեքկին առաքեալ ի վեր յերկինս՝ հարկանէր նշանաւ խաչին զջուրս ծովուն, դրոշմելով ի վերայ զտէրունեան գիծն:

Եւ նոյնժամայն դղրդեալ խորք ծովուն ի զօրութենէ սրբոյ խաչին՝ եռացոյց ի վեր զալիս իւր ուժգին շարժմամբ. եւ սաստիկ նաւաբեկութիւնք լինէին եւ մեծ խորտակումն զօրացն Իսմայելի, մինչեւ մեծ մասն զօրացն ընկղմէր ի ջուրս ծովուն, եւ ըստ փարաւոնեան զօրուն զծովապատիժ բարկութիւնն կրեաց: Եւ զմասն ինչ մնացեալ զօրուն ի տախտակսն՝ տարեալ հանէր յայնկոյս ծովուն յաշխարհն Թրակացւոց, եւ զոմանս ի կղզիս հեռաւորս վարեալ ընկենոյր. քանզի էին բազմութիւն զօրացն աւելի քան զԾ բիւր արանց: Իսկ որ ի վտանգաւոր նեղութենէն զերծան ի ցամաք՝ ոչ եղեւ ձեռնամուխ մատնել ի սուր անողորմ, այլ ետ հրաման պահել զնոսա պաշարմամբ. զի ոչ ուրեք գոյր հնար ելանել նոցա ի խնդիր կերակրոց: Եւ սով մեծ լինէր ի բանակին նոցա մինչեւ սպառել զձիս եւ զջորիս: Ապա յետ այնորիկ ձեռնամուխ լինէին ի հարճս եւ ի ծառայս՝ փողոտել եւ ուտել, զի լցցեն զսովառութիւնն իւրեանց: Իսկ ապա բազում աղերսանօք աղաչէր զԼեւոն կայսր առնել ողորմութիւն ընդ նմա եւ թողուլ ի պաշարմանէն. քանզի մնացին սակաւք ի բազմաց:

carrying that undefeatable triumph [the Cross] on his shoulders, while the people glorified Heaven with fragrant incense and glowing candles and torches before and behind the victorious and venerable Cross to pay honor to it. Then the entire multitude opened the city gates and emerged, raising up the Cross over the waters and crying out: "Help us, Christ, son of God, savior of the world." Having broadcast these words to the heavens above three times, [the emperor] struck the waters of the sea with the symbol of the Cross, imprinting the outline of the Lord['s Cross] upon it.

At once, through the power of the holy Cross, the depths of the sea churned and violently pounding waves rose up causing a massive destruction of ships, and a great drowning of the Ishmaelite troops—to the point that most of the troops drowned in the waters of the sea just as Pharaoh's troops had borne [divine] wrath from the punishing sea. A portion of the troops, clinging to planks, was carried to the far coast of the sea, to the land of Thrace, while other [survivors] were washed up onto distant islands. For the multitude of troops exceeded 50,000 men. As for those who had escaped the disaster and were on dry land, [the emperor] did not permit them to be mercilessly slain. Rather he commanded that they be kept besieged there as there was no means of their getting food. Great hunger descended upon those troops which had already devoured their own horses and mules and now turned to slaughtering their concubines and servants to eat and satiate their hunger. Then did they direct many entreaties to Emperor Leo to have mercy on them and give them provisions. For out of many, only a few survived.

Իսկ թագաւորն Լեւոն զմտաւ ածէր զայն, զի տէր հատոյց զվրէժխնդրութիւն թշնամեացն, արար ողորմութիւն մեծ ի վերայ նորա. եւ կոչէր զնա առ ինքն եւ խօսէր ընդ նմա բազում դատաստանօք: Յուշ առնէր եւ զանամօթ լրբութիւն նորա, թէ.

«Ընդէ՞ր արդեօք կամեցեալ յարձակեցար ի վերայ երկրիս մերոյ, եւ յանխնայ կոտորեաց սուր քո զզօրս իմ, եւ վարեցեր զբնակիչս քաղաքաց իմոց ի գերութիւն: Եւ արդ կենդանի է տէր՝ զի որդի մահու ես դու, եւ ոչ ես արժանի կենաց. այլ որովհետեւ զդատաստանս իմ տէր դատեցաւ ի դարձոյց զանօրէնութիւն քո ի գլուխ քո եւ զարիւն անձանց անմեղաց խնդրեաց ի ձեռաց քոց՝ ես ոչ մխեցից զձեռս իմ ի քեզ եւ ոչ դատեցայց զքեզ ըստ արժանեաց. զի ահա անձն քո ի ձեռին իմ է, եւ իշխան եմ ի վերայ ձեր՝ սպանանել եւ կեցուցանել. բայց ոչ մեռցիս. այլ երթ, պատմեա զմեծամեծս Աստուծոյ զօրութեանցն՝ զոր տեսեր»:

Պատասխանի ետ Մսլիմ կայսերն եւ ասէ.

«Զի՞նչ կարացից խօսել առ այդ առաջի քո, զի արդարեւ ոչ եմ արժանի կենաց. զի ոչ են սակաւ յանցանք իմ, զոր գործեցի ընդ երկիր քո. այլ դու մեծ արարեր զողորմութիւն քո առ իս՝ ապրել անձին իմոյ, քանզի սխալանաց իմոց ես ինձէն վկայեմ: Այլ որովհետեւ անկաւ ի սիրտ քո ողորմութիւն առնել ի վերայ իմ՝ արձակեա զիս ի տեղի իմ, եւ ուխտեցից առ քեզ՝ ոչ եւս ելանել ի պատերազմ»:

Emperor Leo, considering that the Lord had exacted revenge upon the enemy, showed great mercy on them. He summoned [Maslama] to him and greatly upbraided him, recalling his shameless impudence.

"Why," [Leo asked] "did you want to attack our country, mercilessly put my troops to the sword and lead the inhabitants of my cities into slavery? Our Lord [represents] life, while you are the son of death and unworthy of life. Indeed, the Lord has judged my case and turned your impiety back upon your own heads and demanded from you the blood of the innocent [which you shed]. So I shall not put forth my hand against you and not judge you as is fitting. For behold, you are in my hands. I am sovereign over you, to kill or spare [you as I choose]. But you will not be killed; rather, go and narrate [to others] the powers of God which you have witnessed."

Then Maslama responded to the emperor:

"What shall I say before you about these things, for truly I am unworthy of life. The crimes which I have committed against your country are not few in number. You have displayed great mercy to me by allowing me to live, for I testify to my own errors. Since it has entered your heart to have mercy on me, release me to go home and I will vow that I will no longer wage war against you."

CHAPTER XX

Եւ հրամայէր նմա զխնդիրն: Իսկ նորա պատրաստեալ՝ մտանէր ի նաւ, ուշ եղեալ անցանէր ընդ Միջերկրայս եւ դառնայր յերկիր իւր մեծաւ ամօթով: Եւ ելանէին ընդ առաջ նորա ի քաղաքաց քաղաքաց վայիւք եւ ճչովք եւ զճակատ հարկանելով եւ զմոխիր ցանելով ի վեր: Իսկ նորա ամօթով մեծաւ կորագլուխ եղեալ յանդիմանէր եւ ի նոցանէ բազում կշտամբանօք կշտամբէր. եւ ոչ ինչ աւելի պատասխանի առնէր, բայց զայս եւ եթ ասէ. «ոչ կարէի ընդ Աստուծոյ կռուել»: Եւ յետ այսորիկ գնաց ի տուն իւր, եւ ոչ էարկ սուր ընդ մէջ իւր մինչեւ ցօր մահուան իւրոյ:

GHEWOND'S HISTORY

[Emperor Leo] so ordered. Maslama readied himself and boarded a vessel, cautiously traversing the Mediterranean and returning to his own country in great disgrace. As he went from city to city, he was greeted with sighs and sobs, the beating of foreheads and the pouring of ashes over them. And he, with his head bowed in great shame, encountered great insults from them, but could only make this response: "I was unable to fight against God." Thereafter he went home and, to the day of his death, did not gird a sword to his waist.

ԻԱ

Յայնմ ժամանակի առաքէ իշխանն Իսմայելի Հեշմ ի վերայ ազգիս Հայոց զՄրուան որդի Մահմետի փոխանակ Սեթայ, որում Հարաշ կոչէին: Իբրեւ հասանէր Մրուան ի քաղաքն Դուին՝ յանդիման լինէին նմա նախարարք Հայոց: Եւ խօսի ընդ նոսա բանիւք խաղաղութեան, եւ կոչէ առ ինքն զԱշոտ որդի Վասակայ ի տանէ բագրատունւոյ, եւ տայր նմա իշխանութիւն պատրկութեան ի վերայ աշխարհիս Հայոց հրամանաւ Հեշմայ, եւ բազում պատուով պատուէր զնա: Իսկ իմացեալ որդւոցն Սմբատայ զպատիւն Աշոտոյ, զի մեծացաւ անձն նորա յաչս Հեշմայ եւ զօրավարին Մրուանայ՝ եւ յոյժ խեռութեամբ կէին ընդ նմա, մինչեւ հասանէր գժրտութիւն նոցա յականջս որդւոյն Մահմետի: Եւ վաղվաղակի հրամայէ ունել զնոսա, եւ առաքէր առ իշխանն Իսմայելի զԳրիգոր եւ զԴաւիթ, որք էին ի տոհմէ Մամիկոնեան. եւ գրէր ամբաստանութիւն զնոցանէն, թէ հակառակք եւ խազմարարք են իշխանութեանս Աշոտոյ: Եւ հրամայէր տանել զնոսա յԵմանն կոչեցեալ, որ է անապատ, եւ դնել զնոսա ի կալանս բանտի մինչեւ ցվախճան կենաց իւրեանց:

Իսկ իբրեւ հաստատեցաւ իշխանութիւն պատրկութեանն Աշոտոյ՝ երթայ առ իշխանն Իսմայելի վասն բռնութեան աշխարհիս, զի յերից ամաց եւ անդր արգելեալ էր զնախարարացն Հայոց եւ նոցին հեծելոցն զխածիթայսն. յանդիման լինէր Հեշմայ եւ խօսէր առաջի նորա բանս արգոյս եւ իմաստունս: Եւ մեծացուցանէր զնա ըստ արժանւոյն եւ կատարէր զխնդիր նորա, եւ տայր հրաման կշռել ի ձեռս նորա ամի ամի ՃՌ զերից ամացն: Եւ յայնմհետէ յաւուրս իւրոյ իշխանութեան անխափան գայր նոյն սակ արծաթին ամենայն հեծելոցն:

XXI

In that period Hisham, caliph of the Ishmaelites, sent Marwan,[49] Muhammad's son [to rule] over the Armenian people in place of Sa'id, whom they called al-Harashi. When Marwan had reached the city of Dwin, the lords of Armenia came out to meet him. [Marwan] spoke words of peace with them and summoned Ashot, Vasak's son, from the Bagratid House. [Marwan] gave him the authority of patrician over the land of the Armenians, by order of Hisham, and exalted him with many honors. However when Smbat's sons learned about the honor given to Ashot, who had been exalted by Hisham and by General Marwan, they were furiously angry. Word of their discontent reached the ears of Muhammad's son who immediately ordered that they be arrested. [Marwan] sent Grigor and Dawit' of the Mamikonean clan to the Ishmaelite caliph, and he wrote an accusation against them stating that they were agitators opposed to Ashot's authority. [Caliph Hisham] ordered that they be taken to the desert called Yemen and placed in confinement in prison for the rest of their lives.

Once the authority of the patrician Ashot[50] had been established, he went to the caliph of the Ishmaelites regarding the tyranny [imposed upon] our land. This was due to the fact that for more than three years the stipend [which should have been paid] to the Armenian lords and to their cavalry had been withheld. [Ashot] faced Hisham and spoke words of truth and wisdom in his presence. And [the caliph] exalted him worthily and acceded to his request. He ordered that [the sum of] 100,000 [pieces of silver] for the [past] three years be weighed out for him. Thereafter throughout his tenure the same level [or payment] in silver for the cavalry was received without obstruction.

---

49 *Marwan:* ibn Muhammad, ruler of Arminiya, 732-744.
50 *Ashot* III Bagratuni, presiding prince 732-748.

ԻԲ

Յետ այսորիկ զօր բազում գումարէր Մրուան որդի Մահմետի եւ առնոյր ընդ իւր զիշխանն Աշոտ հանդերձ նախարարօքն եւ նոցին հեծելովք, եւ միաբանեալ ասպատակէին յաշխարհին Հոնաց: Եւ մարտուցեալ ընդ քաղաքին՝ հարին զզօրս քաղաքին եւ առին զքաղաքն: Իբրեւ տեսին բնակիչք քաղաքին զհէնն զօրացեալ ի վերայ նոցա եւ զի առաւ քաղաքն՝ բազումք ի քաղաքացւոցն զինչս իւրեանց խորոց ծովուն մատնէին, այլ եւ զանձինս խորոց ծովուն տուեալ՝ ծովավէժ խեղդամահ լինէին: Իսկ զայլ բազմութիւն եւ զաւարն առեալ զօրացն Իսմայելի հանդերձ իշխանաւն Աշոտով՝ դառնայր Մրուանն ի կողմանցն Հոնաց մեծաւ յաղթութեամբ եւ բազում աւարաւ: Եւ իբրեւ հասանէր ի շահաստանն Պարտաւ՝ որոշէր ի գերելոցն եւ յաւարէն հնգեակս, եւ առաքէր իշխանին իւրեանց Հեշմայ եւ զգացուցանէր նմա զիրս յաղթութեանն:

Իսկ նորա ընկալեալ զընծայս աւարին՝ մեծապէս շնորհակալութիւն մատուցանէր Մրուանայ եւ զօրաց նորա, եւ նախատէր զեղբայրն Մսլիմ, օրինակ բերելով զքաջութեամբ յաղթութիւնն Մրուանայ: Իսկ նորա պատասխանեալ ասէր. «ինձ ոչ էր մարտ պատերազմի ընդ մարդկան այլ ընդ Աստուծոյ. բայց նմա ընդ անբան անասունս»: Իսկ Մրուանն զմնացեալ աւարն հանդերձ գերելովքն բաշխէր զօրացն իւրոց. տայր մասն Աշոտոյ, եւ այլոց պատուաւոր նախարարացն ծառայս եւ աղախնայս: Եւ ինքն տիրեալ ի վերայ աշխարհիս՝ խաղաղացոյց զամենայն յարձակմունս բռնութեան. եւ զգործողս անիրաւութեան, զաւազակսն եւ զգողսն եւ զթշնամիսն բարեկարգութեան ծայրակոտոր արարեալ ոտիւք եւ ձեռօք՝ փայտիւ դատապարտէր ի մահ:

Եւ լցեալ ԺԹ ամ Հեշմայ՝ վախճանէր:

XXII

Subsequently Marwan, son of Muhammad, assembled many troops including Prince Ashot with the lords and their cavalry, and went off with them to raid the land of the Huns [Khazars]. They battled against the city,[51] beating its defenders and capturing the city. When the inhabitants of the city saw that the brigands had overpowered them and taken the city, many of the citizens hurled their belongings into the sea, some also drowned themselves by jumping into the water. Now the Ishmaelite troops gathered up the [remaining] multitude and the booty and, together with Prince Ashot, Marwan returned from the Hun areas with great triumph and much spoil. When he reached the Partaw [Barda'a] *shahastan* he set aside a fifth portion of the captives and loot and sent it to their caliph Hisham, relating the circumstances of their triumph.

[Hisham] accepted the spoil, extending great thanks to Marwan and his troops, and deprecating his brother Maslama by citing Marwan's brave victory as an example. However [Maslama] responded: "I was waging war not against men, but against God, while [Marwan] was fighting against irrational beasts." Marwan divided up the remaining loot and captives amongst his troops, giving a portion to Ashot and to the other respected lords, [giving them] servants and serving maids. [Marwan] himself ruled over our land, ending all violent attacks and iniquitous deeds. He amputated the hands and feet of robbers, thieves, and enemies of order, and then put them to death [by hanging them] on trees.

After [reigning for] 19 years, Hisham died.

---
51 *The city*: Varach'an or Balanjar.

ԻԳ

Եւ տիրէ փոխանակ նորա Վլիթ ամ մի եւ կէս։ Եւ նա էր այր պնդակազմ ուժով զօրութեան եւ վարէր ըմբշական մենամարտութեամբ, եւ ուր ուրեք լսէր զարութիւն զօրութեան ուժոյ՝ առաքէր եւ առ ինքն տանէր, զի փորձ անձին իւրոյ ցուցէ։ Վարէր ընդ նմին արբշռութեամբ անարգել գիճութեամբ իգախազութեան։ Իսկ համատոհմ նախարարացն տեսեալ զգործ իշխանին իւրեանց, զի վարէր անպիտան զազրալից պղծութեամբք՝ հարցին ցհաւատարիմս հաւատոյն իւրեանց որ անուանին ի նոցունց կուռայք, եթէ որպէս խորհիցեն վասն նորա։ Իսկ նոքա պատասխանի տուեալ նոցա ասեն. «որովհետեւ անարգեաց զպատիւ իշխանութեանս մերոյ, եւ էանց ըստ հրաման օրինադրին մերոյ, եւ վարեցաւ զազրալից պղծութեամբ՝ արժանի է մահու, մեռցի՛»։ Իսկ նոքա ըստ հրամանին զոր ընկալան ի կուռայիցն՝ մտեալ յարքունական ապարանսն՝ գտին զնա թըմբրեալ գինեզեղխութեամբ եւ սպանին զնա սրով. եւ փոխանակ նորա կացուցին զՍուլէյման ոմն ի նոյն ազգէ յարքունեան տոհմէ։

XXIII

[Hisham] was succeeded by al-Walid[52] who ruled for one and a half years. He was a powerfully built strongman who enjoyed single-combat wrestling. Whenever he heard about some [other] combatant, he had him fetched so that he might test his own prowess. Furthermore, he occupied himself with drunkenness and unbridled, lecherous sex. When the lords of his clan observed the deeds of their prince who was steeped in such senseless and loathsome obscenity, they consulted reliable [wise men] of their faith, whom they styled *kura*, asking what they thought of him. They responded: "Because he has insulted the honor of our caliphate and deviated from the precepts of our law-giver [Muhammad] and deports himself with disgraceful behavior, he is worthy of death and should be killed." So [the clan members], accepting the command of the *kura*, entered the royal palace, found [al-Walid] in a drunken stupor, and slew him with a sword. In his stead they elevated [to the caliphate] a certain Sulaiman from the same branch of the royal clan.

---

52 al-Walid II, 743-744.

ԻԴ

Իսկ Մրուանն իբրեւ լուաւ զմահ իշխանին իւրեանց Վլթի՝ վաղվաղակի կազմեաւ զզօրս իւր, եւ թողոյր յաշխարհիս Հայոց զԻսահակ որդի Մսլիմի. եւ ինքն հանդերձ ամենայն բազմութեամբ զօրացն երթեալ պատերազմէր ընդ ազգին իւրում, որպէս թէ քինախնդիր եղեալ մահուանն Վլթի եւ որդւոյ նորա: Եւ զոմանս ի տոհմէ սպանելոցն գտեալ՝ յան-կուցանէր առ ինքն՝ եւ զամենայն արս ազգատոհմի իւրոյ ժողովեալ առ ինքն, եւ բազում այլք յորդւոցն Իսմայելի միաբանեալք՝ լինէին բանակ մեծ, եւ խաղացեալք յառաջ՝ անցանէին ընդ մեծ գետն Եփրատ, եւ յանդիման լինէին միմեանց մերձ ի սահմանս Դամասկեայ ի կոչեցեալն Ռուս-փայ: Անդ ճակատեալք ի պատերազմ աւուրս բազումս՝ հարկանէին ի միմեանց բազում հարուածս: Եւ իբր լինէր օրն ընդ երեկս, իբրեւ թէ մերձենալ ժամ յետին աղօթիցն՝ ի բաց կային ի պատերազմելոյ, եւ նստեալ լային զան-կեալսն ի միմեանց. եւ ամփոփեալ զդիակունսն տային գե-րեզմանի, ասելով առ միմեանս. «մի ազգ եմք, մի լեզու եւ մի իշխանութիւն, այլ եւ եղբարք եւս, եւ ընդէ՞ր խող-խողեմք զմիմեանս սրով»: Եւ զայս ասացեալ՝ առ վաղիւն ժամ տային պատերազմի. եւ մարտ պատերազմին յերկար-եալ ի մէջ նոցա: Եւ յաղթահարէր Մրուանն զմիւս կողմն եւ սպան զՍուլէյման, եւ կալաւ ինքն զիշխանութիւնն ամս Զ:

XXIV

When Marwan learned about the death of their caliph al-Walid, he forthwith assembled his troops. He left [as ruler] over the land of the Armenians Ishak,[53] son of Muslim. Then he took the entire multitude of his forces and went off to make war against his clan, as an avenger of the death of al-Walid and his son. Finding some [men] from the clan of the slain [caliph], [Marwan] united them and all the men of his clan with his own forces. Many other sons of Ishmael adhered to him, forming a large army, which then crossed the great Euphrates River. The two [opposing armies] faced off near the confines of Damascus [at a place] called R'usp'a [Rusafa]. They warred against each other for many days, causing numerous casualties on both sides. Every day toward evening, close to the time of the final prayer, they stopped fighting and sat and mourned their fallen, prepared the corpses and took them to the cemetery, saying: "We are one people [speaking] one language, [having] one principality. We are brothers, so why are we plunging swords into each other?" [Despite having said this], the next day they resumed the fight and prolonged it. But then Marwan[54] beat the opposing side, slaying Sulaiman, and he himself held authority for 6 years.

---

53 *Ishak* ibn Muslim al-Ukaili, governor of Arminiya 744-749/50.
54 *Marwan* II, 744-750.

CHAPTER XXIV

Եւ զայն ժամանակս իշխանութեանն իւրոյ ոչ դադարէր պատերազմն յորդւոցն Իսմայելի. քանզի պաշարէր Մրուանն զքաղաքն Դամասկոս, եւ մարտ եդեալ խորտակէր զդրունսն երկաթիս. եւ զբնակիչս քաղաքին զորդիսն Իսմայելի որք միանգամ յարութիւն հասեալ էին՝ ի չորս ցիցս պրկեալ՝ տաշէին զդէմս նոցա գործեօք հիւսական սրոց, եւ այնպէս դառնութեամբ սատակէին ի կենաց: Եւ զկանայս յղիս հերձուին ընդ մէջ: Եւ զմանկունս արուս դնէին ի մէջ որմոցն միջով չափ, ի վերայ անցուցանէին զորմսն եւ այնպէս չարամահ սատակէինի կենաց. եւ զաղջկունսն որ ոչ գիտէին զանկողինս արուի՝ սոյնպէս վարէին ի գերութիւն եւ զայլ խառնիճաղանճ բազմութիւնն. քանզի վրէժխնդրութիւն տեառն էր ի վերայ քաղաքին վասն յաճախութեան չարեաց նոցա:

Աստանօր լնու մարգարէութիւնն Ամովսայ որ ասէ. «այսպէս ասէ տէր. ի վերայ երից ամբարշտութեանցն Դամասկեայ, եւ ի վերայ չորիցն ոչ դարձայց ի նոցանէն, փոխանակ զի հերձուին զյղիս Գաղատդացւոցն սղոցօք երկաթեօք: Եւ առաքեցից հուր ի տունն Ազայելի եւ կերիցէ՛ զհիմունս որդւոցն Ադերայ: Եւ խորտակեցից զնիգս Դամասկեայ, եւ սատակեցից զբնակիչս դաշտացն Ովնայ, եւ կոտորեցից զազգն ամենայն յարանց Խառանայ. եւ գերեսցի ընտիր ժողովուրդն Ասորւոց»:

During that period of their reign [internecine] warfare never ceased among the sons of Ishmael. For Marwan besieged the city of Damascus, then started to fight and destroyed [the city's] iron gates. The inhabitants of the city, those sons of Ishmael who had been steadfastly resisting, were [captured and] tied to four posts and had their faces scraped off with serrated knives and thus died bitter deaths. Pregnant women were cut in two. Lads were shoved into spaces between the rocks and cruelly crushed to death. Girls who were virgins were led into captivity along with a motley multitude. For this was the Lord's revenge upon the city because of its accumulated sins.

It was here that the prophecy of Amos was fulfilled [which says]: "For three transgressions of Damascus, and for four, I will not revoke the punishment, because they have threshed Gilead with threshing sledges of iron. So I will send a fire upon the house of Haz'ael, and it shall devour the strongholds of Benhadad. I will break the bar of Damascus, and cut off the inhabitants from the valley of Aven, and I shall destroy all the inhabitants of Harran and the people of Syria shall go into exile. Thus says the Lord."[55]

---

55 *cf.* Amos 1:3-6.

Բայց արժան է ի խնդիր ելանել, եթէ զիա՛րդ մարգարէս զբոլորիցն ամբարշտութիւն երիս ի վեր յայտնելով՝ ի վերայ բերէ զչորրորդն լինել հրաժեշտ բարկութեանն տեառն: Թուի ինձ բազմաբեղուն չարութեամբ լցեալ քաղաք ամբարշտացն. քանզի ախտացեալք մտօք եւ զգայութեամբ եւ սրտիւ՝ կատարէին զերկունս մահու մտացն եւ զգայութեանց զչարութեանցն առատագոյն ծնունդս՝ զսպանութիւն, զչարութիւն ընչից եւ զհեշտ ցանկութիւնն: Եւ չորրորդ՝ զի ոչ միայն ոչ ակն ունէին այցելութեանն Աստուծոյ, այլ եւ պատճառ եւս չարեացն զոր գործէին, համարէին զնա որ ամենայն բարութեանց է աղբիւր: Եւ այն էր որ զներողութիւն քաղցրութեանն Աստուծոյ անդառնալի շարժմամբ շարժէր առ ցասումն ամբարշտութեանցն:

It is certainly worth pondering why the prophet put all sorts of iniquities into three [categories] yet regarded the actual source of the Lord's anger to be [merely] the fourth [category]. It seems to me that this city of sinners was full of many types of evil, since [the residents] were sick mentally, sick in their senses and sick in their hearts and [these sicknesses] fostered the tendencies to kill, ravish the properties [of others] as well as [arousing] their lecherous desires. Their fourth [iniquity] was that not only did they not fear a visitation from God, but they actually blamed [God] for the evil they worked, [God] Who is the source of all good things. It was this that irrevocably transformed God's forgiving mildness into rage toward the sinners.

ԻԵ

Եւ մինչդեռ ամբոխ աղմկին զօրացեալ յաճախէր ի մէջ որդւոցն Իսմայելի վասն անհաւատ պատերազմին, յայնժամ զերծեալ որդիքն Սմբատայ ի կալանաւոր պատանդէն. քանզի արձակեցան հրամանաւ Վլթի ի բանտէն: Բայց յառաջ քան զգալ նոցա յաշխարհէն Ասորւոց սպանաւ Վլիթ, եւ արգելան անդէն յաշխարհին, զի ոչ որ համարձակեաց նոցա ելանել յաշխարհէն: Ապա իբրեւ յաճախեաց պատերազմն ի մէջ նոցա, յայնժամ զերծեալք անկան ի Հայս: Եւ իբրեւ հասին յաշխարհս Հայոց, յետ սակաւ ինչ ժամանակի երթեալք ի կողմանս Վասպուրական աշխարհին՝ խռշտանգանս եւ տագնապ մեծ յարուցանէին ի վերայ երկրին. եւ հարկապահանջ բռնութեամբ վտանգէին զնոսա մինչեւ հասանէր բողոք աշխարհիս առ հրամանատարն Իսահակ որդի Մսլիմի. եւ արգելոյր զնոսա ի գործելոյ զապիրատութիւնն:

Ապա իբրեւ զիրս մարտին եւ զամբոխ ժամանակին տեսին՝ սկսան վերստին հակառակ լինել իշխանութեանն Աշոտոյ. եւ ամենայն ուրեք ջանային գայթակղութիւն դնել անձին նորա: Եւ յարձակեալ ի վերայ նորա ի գիշերի զի էր ի հանգստեան, եւ զզօրս իւր սփռեալ ի գաւառսն՝ կամէին սպանանել զնա. այլ զգացեալ պահապանքն՝ ազդեցին իշխանին զհէնն որ եհաս ի վերայ. եւ փախստական եղեալ ապրէր ի ձեռաց նոցա. իսկ նոցա լցեալ բազում աւարաւ ի գանձուց իշխանին Աշոտոյ՝ դարձան ի հետոց նորա: Իսկ նորա իմացեալ զդաւաճանութիւն նոցա, զի յաւուրս խաղաղութեան վրէժխնդրութիւն չարութեան յուզէին առնուլ ի նմանէն՝ անձնապահ լինէր ի նոցանէն աւուրս ինչ:

XXV

While the din of the mob fighting this unbelievers' war grew louder among the sons of Ishmael, the sons of Smbat were freed from their confinement as hostages. They were released by the order of al-Walid. However before they reached Syria, al-Walid was slain and they were detained there, since no one dared to release them. But when warfare resumed among [the Arabs], [the former hostages] slipped away and came back to the Armenians. When they reached the land of the Armenians after a short while they went to the Vaspurakan area where they created hardship and great anguish in the country. They subjected [the people] to violent and forcible revenue collection until the lands' protests reached the commander Muslim's son, Isahak, who forbade them from such banditry.

Subsequently when they saw how the battle was going with this rabble, over time, once again, [Ashot's opponents] began to oppose Ashot's authority and were attempting to set traps for him everywhere. They attacked him at night while he was sleeping and his forces were dispersed throughout the district. They wanted to kill him. But the prince's guards alerted him about the brigands coming against him and he escaped their clutches by flight. [His opponents] loaded up with much booty from Prince Ashot's treasures and returned home. [Ashot], realizing their treachery—since during [these] days of peace [his enemies] tried to exact wicked vengeance on him—protected himself from them for some days.

Եւ ժողովէր զաղխս տան իւրոյ յամրոցն Դարինից, եւ զտիկինն եւ զամենայն ընտանիս իւր. եւ թողոյր պահապան ի վերայ ամրոցին պահել: Եւ ինքն անցեալ գնայր յաշխարհն Ասորւոց առ իշխանն Իսմայելի Մրուան առ ի զեկուցանել նմա զիրս աղմկին որ ի մէջ նորա եւ նախարարաց իւրոց: Եւ իբրեւ եհաս Պատրիկն զօրօք իւրովք ի տեղի մարտին՝ բազում յաղթութիւն լինէր զօրացն Մըրուանայ եւ խորտակումն հակառակորդաց նորին. քանզի լուան զհամբաւ գալստեան նորա, եթէ եհաս պատրիկն Հայոց ի թիկունս օգնականութեան եւ ունի ընդ իւր ընտիրս հեծելոց ԺԵՌ արանց վառելոց: Եւ զայս լուեալ հակառակորդացն Մրուանայ՝ լքան ի պատերազմէն, եւ հարուածք մեծամեծք եղեն յաւուր յայնմիկ. եւ պարտասեալք ի պատերազմէն՝ առ փոքր մի դադրեցին:

Եւ զայն ժամանակ յորում էր իշխանն Աշոտ յերկրին Ասորւոց՝ կացոյց որդին Մսլիմի ի վերայ զօրացն Հայոց իշխան՝ զԳրիգոր ի տանէն Մամիկոնեան փոխանակ Աշոտոյ: Իսկ Մրուանն տեղեկացեալ զամբաստանութիւնն զորդւոցն Սմբատայ եւ զոր ինչ արար ընդ նա Դաւիթ եղբայր Գրիգորի՝ յղէր դեսպան առ որդին Մսլիմի Իսահակ, որ էր հրամանատար աշխարհիս Հայոց, եւ հրամայէ ունել զԴաւիթ եւ տալ ի ձեռս Օքբայի ումեմն, զի դատապարտեսցէ զնա որպէս եւ հրամայեալ էր վասն նորա: Եւ նա իբրեւ ընկալաւ զհրամանն ոչ կարաց յապաղել, այլ նոյնժամայն կոչեաց նենգութեամբ ունել զնա, եւ տայր ի ձեռս անողորմ դահճի, զոր առեալ կապէր դառն կապանօք եւ դնէր ի կալանս բանտի աւուրս ինչ: Եւ գրէ առ Մրուան եթէ զի՞նչ հրամայեսցէ: Եւ տուեալ հրաման՝ ծայրակոտոր առնել ոտիւք եւ ձեռօք եւ փայտիւ դատապարտել ի մահ: Եւ այսպէս ողորմելի եւ ծանականաց մահու վճարէր ի կենաց, որպէս ասացաւ՝ ըստ անհաճոյ Աստուծոյ բարուց ատելութեանն, զոր ունէին առ միմեանս. զի արդարեւ չար սերմանցն չար արդիւնաւորութիւն, ըստ ասողին բանի:

He gathered the folk of his House into his fortress of Dariwnk', his wife and entire family, and left guards to protect the stronghold. He himself went to the land of Syria, to Marwan the Ishmaelite caliph and informed him about the source of the disturbance between himself and his lords. When the Patrician [Ashot] and his troops arrived at the site of the battle, Marwan's forces enjoyed numerous successes and destroyed his foes for they had heard the news of his arrival, that the Patrician of the Armenians had come to [the caliph's] assistance with his 15,000 select cavalrymen. Thus when Marwan's opponents learned about this, they abandoned the fight and sustained some very serious losses on that day. And so, after defeat on the battlefield they stopped fighting for a while.

Now it happened that at the very time when Prince Ashot was in the land of Syria, Muslim's son [Ishak] designated Grigor of the Mamikonean House [as commander] over the Armenian troops in place of Ashot. Marwan, being informed about the revolt of Smbat's sons and what Grigor's brother Dawit' had done to him, sent an emissary to Muslim's son Ishak—who was commander of the land of the Armenians—ordering that Dawit' be arrested and given over to a certain Oqba to be tried and judged as the latter saw fit. As soon as [Oqba] received this order, he was unable to retrain himself; rather, he called at once for him to be treacherously taken and placed in the hands of the merciless executioner. [The executioner] took and bound him with wicked restraints and put him into confinement in jail for a few days. Then he wrote to Marwan inquiring what he [would] order. And he ordered that his hands and feet be cut off and then that he be tied to a stake until he died. Thus [Dawit'] died a pitiful and ignoble death. As is said of behavior unpleasing to God and of the hatred which they showed to each other, truly bad fruit grows from bad seed. That is how it was in this case.

CHAPTER XV

Եւ իբրեւ այս չարիք ի գլուխ ելանէին՝ դարձեալ հաստատէ զիշխանութիւնն Աշոտոյ Մրուան, եւ առաքէ զնա մեծամեծ պատուօք յերկիրս Հայոց: Եւ յայնմհետէ ոչ դադարէր Գրիգոր յերկնելոյ զհակառակութիւն վասն քինախնդիր լինելոյ կորստեան եղբօրն, թէպէտեւ վասն երկիւղի բռնաւորացն առնէր խաղաղութիւն ընդ Աշոտոյ բանիւք միայն. այլ սրտիւ ոչ միտեցաւ զհետ իշխանութեան նորա. քանզի սպասէր հասանել ժամու, յորում հասանէր կամացն խորհրդի:

When these wicked deeds had been done, Marwan once more established the rule of Ashot and sent him to the country of the Armenians with very splendid honors. Thereafter Grigor did not cease displaying his animosity or vengefulness over the killing of his brother, though out of fear of the tyrants he demonstrated peace toward Ashot, but in words only. In his heart he did not recognize his authority. For he was waiting for an opportune moment to carry out his plan.

ԻԶ

Եւ մինչդեռ տակաւին յերկարէր մարտ պատերազմին ի մէջ նոցա՝ յայնժամ խորհեցան ամենայն նախարարք աշխարհիս ընկենուլ զլուծ հնազանդութեանն եւ ապստամբել եւ ի բաց կալ ի հնազանդութենէն Իսմայելի: Յոր խորհուրդ յորդորեաց զնոսա Գրիգոր որ ի Մամիկոնեան տոհմէ: Եւ զայս խորամանկութիւն նիւթէր վասն հանելոյ զիշխանութիւնն յԱշոտոյ: Եւ եկեալ ամենայն նախարարք Հայոց առ իշխանն Աշոտ՝ հարկեցուցանէին զնա կամակցել եւ միաբանել անօգուտ խորհրդին:

Եւ տեսեալ իշխանին զմիաբանութիւն նախարարացն եւ նոցին հեծելոց, զի առ հասարակ յեղեալք էին զհետ անօգուտ խորհրդին՝ վարանէր յանձն. եւ կոչեցեալ զմի մի ի նախարարացն իւրոց՝ բազում բանիւք թախանձէր ոչ մտանել ի գործ ապիրատութեանն եւ ասէր. «ո՞վ եղբարք, ոչ տեսանեմ խոհական մտաց զգործ անզգայութեանդ, այլ անուղղայ խորհուրդ եւ բանս տարապարտըս. քանզի ահա նուազունք են զօրքս մեր ի մէջ բռնութեանն Իսմայելի, եւ ոչ կարեմք զդէմ ունել զօրաց նոցա, եւ ոչ զերկիր մեր հանել ի բերանոյ վիշապացն: Եւ միայն աշխատութիւն եւ վտանգ հասուցանեմք ի մտածմունս մեր. այլ եթէ կամեսջիք ընդունել զխրատ իմ՝ ոչ արասցուք զբանդ զայդ, եւ հարկեսցուք նոցա որպէս ցարդ եւս, եւ կալցուք զստացուածս մեր, զայգիս, զանտառս եւ զանդաստանս մեր»: Եւ ոչ կամեցան ընդունել զխրատ իմաստութեանն նախարարքն Հայոց. այլ դիմադարձեալ ասեն. «եթէ ոչ միաբանեսցիս ի խորհուրդս մեր՝ ոչ մնասցէ

XXVI

While warfare among [the Arabs] continued, all the [Armenian] lords of the land thought to drop their yoke of obedience and to rebel from the Ishmaelites. Grigor from the Mamikonean clan suggested this plan and he did this with the malicious intent of removing Ashot from power. Meanwhile all the lords of the Armenians went to Prince Ashot to convince him to participate in their fruitless scheme.

When the prince saw the unanimity of the lords and their cavalry—since one and all were enthused by this hopeless idea—he had his doubts. He summoned his lords one by one and beseeched them with much conversation not to participate in such an iniquitous undertaking, saying: "Oh brothers, I see no prudence in your foolish scheme. Quite the contrary, it is a devious plan and a disastrous proposition. Clearly our forces are few when compared with the brutality of the Ishmaelites, we cannot withstand their troops, and we will be unable to dislodge our country from the mouth of the dragon. It will bring only trouble and danger to our aim. If you prefer, accept my counsel and let us not do it. Instead let us pay taxes to them as we are currently doing and let us keep our property, our vineyards, forests, and farms." But the lords of the Armenians did not want to adopt this wise advice. Resisting him, they retorted: "If you do not join our alliance, none of your

առ քեզ եւ ոչ մի ոք ի զօրաց քոց. չկարեմք ժուժկալել տագնապիս յորում կայ երկիրս Հայոց»: Իսկ ապա հաւանեալ ակամայութեամբ իշխանին Աշոտոյ՝ առնէր միաբանութիւն ընդ Գրիգորի եւ ընդ այլոց նախարարացն, եւ դնէին դաշինս ուխտի առ միմեանս միջնորդութեամբ տէրունեան նշանին՝ աննենգ պահել զսէր միաբանութեանն:

Եւ իբրեւ զայս դաշինս հաստատէին՝ մեկնէին ի հրամանատարէն որ ի վերայ աշխարհիս, եւ երթեալք ապաստանէին յամուրս աշխարհին Տայոց հանդերձ ամենայն ընտանեօք իւրեանց եւ ամենայն աղխիւք. եւ ապաստանեալք առաւել ի զօրս արքային Յունաց որք էին ի կողմանս Պոնտոսի. քանզի էր ի մէջ նոցա ուխտ խաղաղութեան հրամանաւ կայսերն Կոստանդինի: Եւ ամենայն որդիք յանցանաց երթեալք խառնէին ի գունդ ապստամբութեանն, որք ոչ ճանաչէին զերկիւղն Աստուծոյ եւ ոչ զահ իշխանաց եւ ոչ զպատիւ ծերոց, այլ իբրեւ այլազգի եւ օտարացեալ՝ ասպատակ սփռեալ գերէին զեղբարս եւ զազգակիցս իւրեանց, եւ բազում աւարառութիւնս առնէին, խոշտանգանաւ եւ գանիւք տանջանս ածեալ ի վերայ եղբարց իւրեանց:

troops will stay with you. We cannot tolerate the crisis that the country of Armenia is experiencing. Therefore Prince Ashot unwillingly united with Grigor and the other lords and made a vow on the holy cross to firmly adhere to their alliance.

Once they had ratified this agreement, they withdrew from the commander of our land and went and took refuge in the fortresses of Tayk' with all their families and belongings. They were particularly relying on the troops of the Byzantine emperor which were located in the Pontus area, for there was an oath of peace between them by order of Emperor Constantine.[56] Now it happened that all the sons of sinfulness [the Paulician heretics] went and mingled with the rebels' brigade. They had neither fear of God nor of princes nor [did they respect] the dignity of elders. Rather, like strangers and foreigners, they spread around capturing brothers and their kinfolk and, taking much booty, they inflicted torments and beatings upon their brothers.

---

56 *Constantine* V, Copronymous, 740-775.

CHAPTER XVI

Յաղագս որոյ ստրջացեալ ներողութիւնն Աստուծոյ՝ քակեաց զմիաբանութիւն նոցա. զի եւ ոչ զամն ողջոյն յաջողեաց նոցա զգործ ապիրատութեանն, այլ անդէն ի մօտոյ մեկնեալ ի նոցանէն իշխանն Աշոտ՝ գայր հասանէր ի գաւառն Բագրեւանդ ի գիւղն Հազր եւ ոմանք ի նախարարացն ընդ նմա, եւ կամէր միաբանել ընդ որդիսն Իսմայելի: Անդ ուրեմն նենգեալ նախարարքն որք ընդ նմայն էին՝ զեկուցանէին չարասէրն Գրիգորի գիրս խորհրդին: Իսկ նորա զվաղնջուց խորհեալ դաւաճանութիւնն ի գլուխ կամեցեալ տանել՝ վաղվաղակի կազմէր զզօրս իւր, եւ հետամուտ եղեալ զկնի նորա՝ իբրեւ զագռաւ ընդ լերինս ընթացեալ հասանէր ի գիշերի ի վերայ նորա, եւ պաշարէր զկայս հանգստեան նորա, գիտացեալ զերկմտութիւն զօրաց նորա, զի ոչ եկին ի թիկունս օգնականութեան: Եւ ըմբռնեալ զնա՝ տայր ի ձեռս ծառայիցն Դաւթի, եւ հրամայէր բառնալ զլուսաւորութիւն աչաց նորա. եւ ստուերամած խաւարաւ նսեմացուցանէր զբոլոր աշխարհիս պարծանս եւ ի խոր տխրութեան պարփակէր ոչ միայն զանձն նորա, այլ եւ զամենայն համատոհմ նախարարաս ազգին իւրոյ: Որոց յետոյ իրազեկ եղեալ՝ ոչ ինչ կարացեալ օգուտ գործել. այլ նստեալ միայն ողբովք եւ աշխարանօք լային, զի անկեալ կործանէր պսակն պերճութեան ի գլխոց նոցա. եւ յայնմհետէ բառնայր փառք ազգիս Հայոց:

As a result, God withdrew his forgiveness and shattered their unity. Indeed their iniquitous activities did not last even for a full year. Prince Ashot broke with them and went to the village of Hazr in the district of Bagrewand. Some of the lords accompanied him and wanted to unite with the sons of Ishmael. However [some of] the lords who were with him went and informed that malicious Grigor about the details of this strategy. [Grigor] had for some time wanted to implement his treachery, so he quickly assembled his troops and pursued [Ashot] over the mountains like a crow. [Grigor] caught up with him at night and besieged the place where he was resting. [Grigor] knew about the vacillation of [Ashot's] troops, for they did not come out to help him. Seizing [Ashot], he gave him to one of the servants of Dawit' [Mamikonean], ordering him to blind his eyes. [And by this deed] he reduced the glory of our entire land, consigning it to a shadowy darkness and plunging into deep sorrow not only his own person but all the lords of his own clan. Subsequently they realized [what they had wrought] but were unable to do anything that helped. Rather all they could do was sit and lament, moan and cry. For the splendid crown had fallen from their heads and was ruined. And thereafter the glory of the Armenian people vanished.

CHAPTER XVI

Իսկ բարեդրուժն Գրիգոր որպէս ի մեծ արիութենէ դարձեալ՝ անկանէր ի քաղաքն Կարնոյ. եւ առաքէր ի կողմանս կողմանս աւետիս զյաղթութեան իւրոյ: Եւ յետ բազում աւուրց հասանէր ի վերայ նորա դատաստանն Աստուծոյ ըստ արժանի գործոց իւրոց. քանզի ուռուցեալ որովայն նորա՝ ուժգին վտանդիւ տագնապէր զանձն նորա. եւ այնպէս սատակէր ի կենաց անյիշատակ բարձեալ ի միջոյ: Եւ փոխանակ նորա կացուցին իշխան զեղբայր նորին զՄուշեղ սակաւ ինչ ժամանակս:

Իսկ Աշոտոյ կալեալ զիշխանութիւնն ամս ԺԷ փառաւորապէս պատուով քան զամենայն առաջին իշխանսն՝ հանդիպէր դաւող նենգութեանն. եւ կեցեալ յետ այնորիկ ամս ԺԳ՝ վախճանէր բարւոք ծերութեամբ, եւ եդեալ ի տապանի փառաւորապէս ի կայս հանգստեան իւրոյ ի գիւղն Դարիւնս:

As for that oath-breaking Grigor, he went off to the city of Karin [Erzurum]—as though returning from some feat of valor—and broadcast the tidings of his victory. But after some time the judgement of God was visited upon him, a punishment commensurate with his actions. For his stomach became frightfully and dangerously swollen and he grew feverish. And thus did he quit this life, unremembered. Afterwards his brother Mushegh became prince for a short time [c. 750].

Ashot, who had held authority for 17 years with honor more glorious than all the previous princes, experienced this traitorous treachery. Afterwards he lived for 13 years, dying in deep old age. He was entombed with glory in his [clan's] mausoleum in the village of Dariwnk'.

ԻԷ

Կայ եւս մեզ դառնալ յառաջին շարս կարգի պատմութեանս: Քանզի մինչդեռ Մրուան ունէր զիշխանութիւնն Իսմայելի, եւ մարտնչէր ընդ իւր ազգին՝ դարձեալ այլ մոլեկան հուր հրդեհի բորբոքէր ի կողմանց արեւելից յերկրէն Խորասան աշխարհին: Քանզի իբրեւ տեսին ամենայն նախարարաք որդւոցն Իսմայելի, զի զօրացաւ ի վերայ նոցա անհանդուրժելի վտանգ յիւրեանցայոցն՝ ջանային զապրիլ անձանց գտանել. յորոց ոմանք ի նոյն տոհմէ օրէնսդրին իւրեանց հատուածեալք՝ փախստեայ անկանէին ի Խորասան յաշխարհն եւ թագստեամբ կէին անդ ժամանակս ինչ: Ապա յետ այնորիկ միաբանեալ զզօրս Խորասան աշխարհին՝ կացուցանէին զօրավարս ի վերայ նոցա զԿահաթբա եւ զԱբու-Մսլիմ ումն, որ էր խորամանկ աստեղագիտական աղանդովն: Եւ սոքա միաբանեալք սպանին զհրամանատար աշխարհին, եւ զզօրս նորա յինքեանս դարձուցեալ եւ գայլ բազմութիւն խառնիճաղանճիցն աշխարհին, որք տագնապեալք էին յանհնարին բռնութենէ հարկապահանջիցն՝ սկսան տակաւ յարձակիլ ի կողմանս Ասորեստանի.

XXVII

Let us return to the previous strand of our historical narration. Now it happened that while Marwan still held the caliphate and was fighting with his own clan members, once again the fanatical flame of that fire [of rebellion] blazed out in the eastern areas, in the land of Khurasan. When all the lords of the sons of Ishmael observed the unbearable danger which had increased amongst them, they tried to save their own lives. Thus, some of those who were of the clan of their lawgiver [Muhammad] separated from the rest and went as fugitives to the land of Khurasan and concealed themselves there for a while. Subsequently they unified the Khurasanian troops, placing as general over themselves Kahat'ba and a certain Abu Muslim who was artful in the heresy of astrology. They united and slew the leader of the land and attracted their troops to their own side as well as many from the rabble who were suffering from unbelievably stringent tax demands. Then they began to attack from the side of Syria.

որոց ընդդէմ երթեալ զօրքն Մրուանայ՝ ոչ կարէին զդէմ ունել այնմ ամբոխին, զի ի տեառնէ էր խորտակումն իշխանութեան նորա։ Եւ զբազումս հարեալ սատակէին եւ զայլսն փախստական առնէին գունդք Աբդլայիցն որ կոչին որդիք Հեշմայ։ Եւ ինքեանք յառաջ մատուցեալ՝ անցանէին ընդ գետն Տիգրիս, եւ նուաճէին զբազում քաղաքս հնազանդեալ ընդ նոքօք. եւ զամենայն զօրս զոր միանգամ առաքէր Մրուան ընդդէմ նոցա՝ խորտակեալ ջախջախէին, եւ զմեծ բանակետղն Տաճկաց Ակողա զամենեսեան հնազանդէին։ Իսկ բնակչացն Ակողայ եւ Բասրայ տեսեալ զբռնութիւն զօրութեան նոցա՝ ձեռնտու եղեն եւ յաւելան ի զօրս նոցա։ Զոր զգացեալ Մրուան՝ տագնապաւ մեծաւ վարանէր, եւ բացեալ զխանութս գանձուցն արքունեաց՝ սփռէր զօրացն։ Եւ վառեալ զինքն բազմութեամբ զօրացն՝ ելանէր ընդդէմ նոցա։ Եւ իբրեւ հասանէին առ միմեանս եւ յարդարէին ճակատ առ ճակատ եւ խառնէր պատերազմն՝ բազումք լինէին վիրաւորք ի կողմանցն երկոցունց, եւ անթիւ դիակունք դաշտացն տապաստ անկանէին. եւ յերկարաձգէր պատերազմն ի մէջ երկոցունց մինչեւ ի գլուխ ելանել ամին այնմիկ։ Իսկ ի վերանալ յամին վեցերորդի իշխանութեանն Մրուանայ՝ հասանէր ի վերայ նորա վրէժխնդրութիւն Աստուծոյ, խնդրել ի ձեռանէ նորա զարիւն զոր եհեղ յազգէն իւրմէ։

When Marwan's forces went against them, they were unable to prevail against that mob. For the destruction of his power derived from the Lord. They struck and killed many of them while others fled. The troops of Abdullah [were the attackers] and they were called the sons of Hashim. Continuing to advance, they crossed the Tigris River, conquering and subduing many cities. Meanwhile all the troops that Marwan sent against them were decisively crushed, and [the Abbasid rebels] subdued everyone as far as the great *Tachik* military camp of al-Kufa. As for the residents of al-Kufa and Basra, when they saw the [army's] brutal power, they cooperated and added to their forces. When Marwan realized what was unfolding, he was plunged into a great panic, opened the royal treasury, and distributed it to his troops. Surrounding himself with soldiers, he arose against [the Abbasids]. The two sides drew near to each other and deployed brigade against brigade. When they clashed in battle many were wounded on both sides and innumerable corpses fell on the field of battle. There was protracted warfare between the two sides until the next year. At the end of the sixth year of Marwan's reign, God's retribution was visited upon him as his own blood was demanded for the blood of the kinsfolk he had shed.

Եւ զօրացեալ զօրք Աբդլայի՝ յարձակէին ի վերայ նորա գազանաբար, դիմեալ հասանէին ի բանակն Մրուանայ, եւ հարեալ սատակէին ի նոցունց հարուածս սաստիկս յոյժ յոյժ: Զի ասեն լինել զթիւ անկելոցն ի միում նուագի յՌ արանց հեծելոց, մինչեւ գնալ յարենէն վտակք առուաց, եւ ի գոլորշիս արեանն լինել մէգ եւ մութ ամբաւ: Եւ զմնացորդս զօրուն առեալ արկին ի մէջ բանակի Մրուանայ. եւ հասանէին մինչեւ ի դղեկաձեւ կազմած պարտակին եւ ի վրանն Մրուանայ, եւ զնա ինքն հարեալ սատակէին: Եւ զայս ամենայն չարիս եւ զդղրդմունս պատերազմաց եւ զառմունս քաղաքաց եւ հեղմունս արեանց կատարեալ ամս Զ վախճանի:

Now the troops of Abdullah grew [even] stronger and attacked with bestial ferocity, reaching Marwan's camp. They slaughtered them so severely that it was said that some 300,000 cavalry were killed and that their blood flowed in streams which evaporated into a dark fog. The remnants of his troops were forced back and trapped in Marwan's camp. [The Abbasids] then advanced to the fortress-like base and the very tent of Marwan where [Marwan] himself was seized and killed. All these evil [events]—the disruptions of war, the capture of cities, and the shedding of blood—transpired during the 6 years of [Marwan's] reign, after which he died.

ԻԸ

Եւ տիրէ ընդ նորա Աբդլայ, եւ առաքէ զեղբայր իւր զմիւս Աբդլա շրջել ընդ ամենայն աշխարհս իշխանութեանն իւրոյ: Որ նախ ելեալ յաշխարհս Հայոց՝ բազում վշտօք եւ նեղութեամբ վտանգէր զամենեսին եւ հասուցանէր ի չքաւորութիւն տնանկութեան, մինչեւ ապահանջել հարկս եւ ի մեռելոցն: Եւ զամենայն բազմութիւն որբոց եւ այրեաց չարալլուկ տառապեցուցանէր. վտանգէր զքահանայս եւ զպաշտօնեայս աստուածային խորանին խոշտանգանօք եւ քքօք այպանութեան եւ գանիւք՝ ի յայտ ածել զանուանս վախճանելոցն եւ զընտանիս նոցուն: Խոշտանգէր եւ զբնակիչս աշխարհիս բռնագոյն եւ դառն հարկապահանջութեամբ, առնուլ ըստ գլխոյ բազում զուզէս արծաթոյ, եւ դնել կնիք կապարեայ յամենեցուն պարանոցս:

Իսկ տոհմ նախարարացն որ կամաւ եւ որ յակամայ յաճախէին տալ ընծայս ձիոց ջորւոց եւ հանդերձից պատուականաց եւ զայլ մթերս ոսկւոյ եւ արծաթոյ, որպէս զի կարասցեն լնուլ զբերան վիշապին որ յարձակեալ էր ապականել զերկիրս: Եւ նորա լցեալ զանյագութիւն չարընկալ որովայնին՝ անցանէր ընդ կողմն Պարսից եւ Մարաց մինչեւ յաշխարհն Խորասան, եւ անդուստ յԵգիպտոս եւ ի Պենտապոլսական աշխարհն մինչեւ ցԱփրիկայ: Եւ ամենայն ուրեք ուր եւ հասանէր՝ զյափշտակօղ բարս ագահութեանն իբրեւ զվարմ ձգեալ ի տամբիոն՝ որսայր զկենաց մարդկան զհետուեանս, մինչեւ կոչել յիւրական ազգէն անուն զլացութեան նորա հայր դանգի. զի որպէս բանից կարգ է ասել՝ զդանգ առաւել քան զԱստուած մեծարէր: Եւ իբրեւ գնացեալ մեկնեցաւ յաշխարհէս, թողոյր հրամանատար դատաւորութեան եւ հարկապահանջութեան ի վերայ աշխարհիս Հայոց զԵզիտ որդի Ուսագի:

XXVIII

Then in place [of Marwan] Abdullah[57] ruled. He sent his brother, another Abdullah[58] to circulate throughout all the lands of his realm. First he came to the land of the Armenians, reducing everyone to bankruptcy with many afflictions and torments, to the point that he was demanding taxes from the dead. He made many orphans and widows suffer greatly and tortured priests and servants of the churches mockingly, beating them with sticks so that they reveal the names of the dead and their families. He viciously tormented the inhabitants of our land with bitter tax demands, imposing a tax of many silver *zuze*'s per capita and placing a lead seal around their necks.

Now the lords of the clans voluntarily and involuntarily gave gifts of horses and mules, precious clothing and other gold and silver goods, to fill the mouth of that dragon which had attacked to wreck the country. When they had satisfied his wicked appetite, he passed on to the area of the Iranians and Medes as far as the land of Khurasan, thence to Egypt and the land of Pentapolis as far as Africa. Wherever he went, through his rapacious, greedy behavior, he entrapped people like someone casting a net, to the point that his own family styled him the "father of a coin." For in truth he revered the coin more than he revered God. When he was leaving our land he placed Yazid,[59] son of Usaid, in charge of making judgments and collecting taxes in the land of the Armenians.

---

57 *Abdullah:* abu-al-Abbas al-Saffah, 750-754.
58 *Abdullah:* Abu Jafar al-Mansur.
59 ibn Usaid al-Sulami, ruler of Arminiya 752-754, 759-770, 775-780.

Եւ Եզիտ կացուցանէր ի վերայ աշխարհիս իշխան ի նախարարացն Հայոց զԻսահակ որդի Բագրատայ ի նոյն տանէ իշխանին Աշոտոյ, որ էր որդի հօրեղբօր նորա, այր գեղաղէշ երեսօք եւ երեւելի հասակաւ եւ ազնուական բնութեամբ եւ ծանօթ երկիւղին Աստուծոյ: Եւ առաջնորդէր զօրաց իւրոց ակամայութեամբ կոխել զաշխատութիւն մարտիցն ուր եւ առաքէր. զի յայնմհետէ հատաւ սակ արծաթոյն, որ գայր ամի ամի յարքունուստ զօրացն Հայոց: Եւ զհամար հեծելոցն պահանջէին յիշխանացն. եւ հարկ լինէր ի տանց իւրեանց հանդերձել զգունդս զօրացն եւ զընթացս զրավաստակ աշխատութեանցն ողջ պահել:

Եւ Աբդլայն լցեալ զգ ամ իշխանութեանն վախճանէր: Եւ առնոյր զիշխանութիւն նորա եղբայր նորին միւս Աբդլա ամս ԺԲ:

GHEWOND'S HISTORY

As prince of the Armenian lords, Yazid established Sahak,[60] son of Bagarat, who was from the same House as Prince Ashot, and the son of his father's brother. He was a tall, attractive man with a noble disposition, who knew the fear of God. Wherever they sent him he led his troops, although they were toiling through the battles unwillingly. This was because at that point the Armenian troops' annual stipend of silver, which until then had come from the [caliph's] court, had been terminated. Moreover [the Arabs] demanded that expenses for the cavalry be provided from taxes levied on the princely Houses, that is all the expenses for clothing and feeding these brigades.

Abdullah[61] died after three years of rule. His brother, the other Abdullah took over his authority, ruling for 22 years.[62]

---

60 *Sahak* VII Bagratuni, presiding prince 755-761.
61 Abu-l-Abbas al-Saffah.
62 *the other Abdullah*: Abu Jafar al-Mansur, caliph 754-775.

Ի Թ

Ի սորա աւուրս շարժեալ թագաւորն Յունաց ի կայսերական արքունեան մտիցն՝ բազում եւ ծանր ամբոխիւ գայր հասանէր յաշխարհն Կարնոյ ի քաղաքն որ կոչի Թէոդուպոլիս: Եւ իբրեւ յական թօթափել կործանէր զդղեակ պարիսպ ամրոցին արքայն Կոստանդին որ էր որդի Լեւոնի, եւ բացեալ զտուն գանձուցն՝ բառնայր բազում կշիռ ոսկւոյ եւ արծաթոյ. գտանէր ի գանձի անդ զնշան տէրունեան խաչին, զոր առեալ տանէր ընդ ինքեան: Նա եւ զզօրսն քաղաքին եւ զբնակեալսն ի նմա Սառակինոսս բառնայր նոցին ընտանեօքն յաշխարհն Յունաց: Եւ բազումք ի բընակչաց գաւառացն խնդրեալ յարքայէն, զի ընկեսցեն զանուր լծոյ ծառայութեանն Իսմայելի յանձանց եւ գնասցեն զկնի նորա:

Եւ նորա տուեալ հրաման, վաղվաղակի հանդերձեալ զաղխս իւրեանց՝ խաղացին յառաջ, ապաւինեալք ի զօրութիւն տէրունեան խաչին եւ ի փառս արքային. թողին զերկիր ծննդեան իւրեանց, եւ հատուածեալք անկան ի կողմն արքային բարեպաշտի: Իսկ ի գալ միւսոյ ամին կազմեալ Եզիտն զզօրսն որ ընդ ձեռամբ իւրով՝ երթայր հասանէր ի քաղաքն Կարնոյ եւ արկանէր մարդահարկ ի վերայ աշխարհին. եւ հաւաքեալ զբազմութիւն անթիւ՝ կացուցանէր գործավարս ի վերայ գործոյն, եւ փոյթ յանձին կալեալ շինէր զխրամատեալ պարիսպ քաղաքին: Եւ ածեալ արս յորդւոցն Իսմայելի բնակեցոյց ի նմա նոցին ընտանեօք՝ պահել զքաղաքն եւ զգուշանալ ի թշնամեացն: Եւ կարգեաց նոցա պատրաստութիւն կերակրոց յաշխարհէս Հայոց:

XXIX

During his reign the Byzantine emperor[63] left his imperial seat and came to the Karin area, to the city called T'e'odupolis [Erzurum], with an enormous heavily armed mass [of soldiers]. Upon arrival they destroyed the walls of the citadel and Emperor Constantine, son of Leo, opened the treasury and withdrew a large amount of gold and silver. He also found in that treasury a fragment of the Lord's Cross, which he removed and took with him. He also took to Byzantine territory the city's troops and Saracen population with their families. Many residents of the district beseeched the emperor to remove their yoke of servitude to the Ishmaelites. And they too departed along with him.

Receiving [the emperor's] permission they quickly prepared their belongings, taking strength from the power of the Lord's Cross and the emperor's glory. They left their birthplace and, separating [from their own people], joined the pious emperor's side. But the next year Yazid assembled the troops under him and went to that city of Karin and imposed the poll tax on the land. Assembling an innumerable host, he designated officials over the work which included swiftly rebuilding the city's demolished walls. He led the sons of Ishmael and their families there and settled them to hold and protect the city from [their] foes. And he stipulated that the provisions for their food should come from the land of the Armenians.

---

63 Constantine V, Copronymous, 740-775.

Լ

Յայնմ ժամանակի ոչ դադարէր ամբոխ աղմկի հեռութեան անօրէն ազգին յաշխարհէս: Քանզի ամենայն ուրեք զբնական իւրեանց չարահնարութիւնն ոչ լքին յանձանց որդիքն Բելիարայ. այլ իժաբար դիմեալ անաստուած ումն որում անուն էր Սուլէյման, եւ ընդ նմա որդիք յանցանաց ի կողմանցն Պարսից՝ ասպատակէին ի կողմանս Վասպուրականի, գործելով զանարժան բարս սննդակից չար սերմանցն: Որոց ի դիմի հարեալ նախարարաք ի տանէն Արծրունեաց Սահակ եւ Համազասպ սակաւ արամբք՝ անկան ի մէջ թշնամեացն: Իսկ նոքա իբրեւ տեսին զի նուազունք էին՝ ի մէջ արկեալք կամէին սպանանել: Իբրեւ տեսին Սահակ եւ Համազասպ զհէնն զարթուցեալ ի վերայ, եւ զի ոչ ուստեք փախուստ գտանէր՝ սուր ի գործ արարեալ զբազմութիւն թշնամեացն խողխողէին, եւ ինքեանք դիմեալ ընդ տեղի մի ամբոխին զերծանել ջանային:

Անդ կարեվէր խոցեալ Համազասպ՝ անկանէր յերիվարէն. եւ պատեալ զնովաւ թշնամեացն սպանին: Եւ Սահակ իբրեւ ետես զսպանումն եղբօրն, յաղագս յաճախ սիրոյն զոր ունէր առ եղբայրն մատնէր զանձն ի մահ. եւ ի խոնարհ անկեալ յերիվարէն՝ կարթակոտոր առնէր. եւ ինքն զայրագին անձամբ մենամարտէր եւ զբազումս դիաթաւալ կացուցանէր, մինչեւ խնդրել զվրէժ արեան եղբօր իւրոյ: Եւ ապա պարտեալ ի մարտին վախճանէր: Եւ այնպէս վճարէին ի կենաց ընտիր նախարարքն, որք էին որդիք Վահանայ Արծրունւոյ:

XXX

In this period the din of the mob of brigands of the impious nation continued unabated in our land. For the sons of Belial practiced their natural evil everywhere and did not desist. Now there was a certain snake-like individual named Sulaiman. [Allied] with him were the sons of sinfulness[64] in the Iranian areas who commenced making attacks on the Vaspurakan area, [people] with unworthy behavior, fruit of wicked seed. Sahak and Hamazasp, lords of the Artsruni House, applied themselves [to the problem] with only a few men and fell in among the enemy. When [the enemy] saw that [their attackers] were few in number, they surrounded them and wanted to slay them. And when Sahak and Hamazasp saw the brigands rising up against them and that there was nowhere to flee to, they put their swords to work, killed a host of enemies, and tried to cut their way through the mob to escape.

It was there that Hamazasp was fatally stabbed, fell from his horse and was surrounded by the enemy, who killed him. When Sahak saw the death of the brother he so deeply loved, he [resolved to] sacrifice his own life. He dismounted and hamstrung his horse, and then commenced furious single combat. He covered the ground with numerous corpses, seeking revenge for his brother's blood. But then he gave his life, defeated in battle. Thus did these two select lords, sons of Vahan Artsruni, pass away.

---

64 Possibly, Paulicians.

CHAPTER XXX

Իսկ ապա յետոյ ազդ եղեալ եղբօր նոցա Գագկայ եւ այլոց նախարարացն որ ընդ նոսա՝ ելանէին ի տեղի մարտին վայիւք եւ ճչօք. այլ ոչ կարացին հասանել թշնամեացն: Դարձան ողբովք եւ աշխարանօք թաղել զմեռեալսն: Իսկ թշնամիքն դարձան ընդ նոյն ճանապարհ. որ ապա յետոյ սակաւ մի անկաւ ի ձեռս Գագկայ Արծրունւոյ եւ սպանաւ Սուլեյմանն եւ բազումք ընդ նմա:

Subsequently their brother Gagik and the lords with them learned [what had happened]. They went to the site of that battle lamenting and crying. However, they were unable to catch up with the enemy. So they turned back to bury the dead, sighing and lamenting. As for the enemy, they returned by the same route [they had come by]. Afterwards some of [the enemy] fell into Gagik Artsruni's hands. And he killed Sulaiman and many with him.

ԼԱ

Եւ մինչդեռ ունէր զհրամանատարութիւն իշխանութեանն Եղիտ՝ յղէր դեսպան առ արքայն հիւսիսոյ, որում Խաքանն կոչէին, եւ խնդրէր առնել խնամութիւն ընդ նմա. որպէս զի ի ձեռն այնորիկ արասցէ ուխտ խաղաղութեան ընդ նմա եւ ընդ զօրս Խազրաց: Եւ հաւանեալ արքայն Խազրաց՝ տայր զքոյրն իւր նմա կնութեան, որում անունն էր Խաթուն. եւ առաքէր ընդ նմա նաժիշտս եւ աղախնայս եւ ծառայս բազումս: Եւ կեցեալ Խաթունն սակաւ ինչ ժամանակ՝ վախճանէր: Եւ բարձաւ ուխտ խաղաղութեանն որ ի մէջ նոցա. քանզի իբրեւ դաւով նենգութեամբ համարեցան զմահ նորա: Եւ գումարեալ զօր բազում տայր ի ձեռս զօրավարի միոջ, որ անուանեալ կոչիւր Ռաժթարխան, ի դնգէն Խաթիրլիթբերայ, եւ առաքէր ի վերայ աշխարհիս որ ընդ ձեռամբ Եզտի: Որոց սփռեալ զասպատակս իւրեանց ըստ հիւսիսոյ գետոյն հզօրագունի որ կոչի Կուր՝ առնուին բազում գաւառս, զՀէջար, զՔազա, զՈստանի, զՄարզպանեան, զՀաբանդ, զԳեղաւու, զՇաքէ, զԲեխ, զԽենի, զԿամբեխճան, զԽողմաղ: Այս գաւառք աշխարհին Աղուանից: Առին եւ զցանկալի դաշտն Բաղասական, յորում անթիւ բազմութիւն հօտից եւ նախիրք անդէոց բազմաց, զորս առին յաւարի: Առին եւ յաշխարհէ իշխանութեանն Վրաց գաւառս եօթն, զՇուչք, զՔուէշկափոր, զՁելթդ, զԾուքէթ, զՎէլիսցխէ, զԹիանէթ եւ զԵրկ: Եւ հաւաքեալ զբազմութիւն գերեստանեացն եւ աւար բազում՝ դարձան ի բնակութիւնս իւրեանց: Եւ ոչ կարաց ընդդստախօս պատագրոսն այն համբառնալ զգլուխն իւր, որ ունէր զիշխանութիւն հրամանատարութեան աշխարհիս Հայոց, այլ միայն ղօղեալ իբրեւ զանբան կալով՝ ոչ ինչ թուէր նմա կործանումն աշխարհին:

XXXI

While Yazid[65] was still ruling, he sent an emissary to the king of the north, who was called the Khaqan, seeking to establish marriage relations with his [House]. By this, [Yazid] sought to achieve a peace treaty between the Khazars' forces and himself. Agreeing to this, the king of the Khazars gave [Yazid] as a wife his sister, named Khatun. [The Khaqan] sent along with her many hand maidens, ladies in waiting, and servants. But Khatun lived for only a short while and then died. Moreover that peace treaty between them was dissolved because [the Khazars] suspected that her death was the result of some treachery. [The Khaqan] assembled an enormous force and entrusted it to one of his generals, named R'azht'arxan, of the Xat'irlit'ber brigade. He sent [this army] to our land, which was under Yazid's control. They spread around raiding north of the very mighty Kura River and seizing numerous districts of the land of the Aghuanians: Hejar, K'agha, Ostani, Marzpanean, Haband, Geghawu, Shak'e', Bex, Xeni, Kambexchan, and Xoghmaz. They also took the desirable plain of Baghasakan where there were countless flocks of sheep and herds of cattle, which [the Khazars] took as spoil. From lands under the sway of the Iberians [Georgians] they took seven districts: Shuch'k', K'ue'shkap'or, Dzelt'd, Tsuk'e't', Ve'lists'xe', T'iane't', and Erk. Gathering up a multitude of captives and a great deal of booty, they returned to their dwelling places. As for that gouty braggart [Yazid], who held sway over the land of the Armenians, he could not even lift his head [from shame]; rather, he just sat there like an irrational animal and the ruination of the land was as nothing to him.

---

65 *Yazid* ibn Usaid.

CHAPTER XXXI

Իսկ ապա յետ սակաւ ինչ ժամանակի հատուածեալ նոյն վիրազն, որ էած ստուերածս ի վերայ երկրին Աղուանից՝ գայր միաբանել ընդ իշխանին Իսմայելի. եւ յղեալ յաշխարհին Ասորւոց պատանդ զորդի իւր՝ ինքն վաղվաղակի վախճանէր սրով մերձ ի դրունս Աղուանից:

But it happened that after a short while the shadow [of the Khazars] which had darkened the country of the Aghuanians dispelled and [the Khazar leader himself] united with the caliph and [even] sent his son as a hostage to the land of the Syrians. He himself soon died by the sword, close to the Aghuan Gates.

ԼԲ

Անցից եւ վասն ապստամբին այնմիկ, զոր նախ առաքէր Աբդլա յաշխարհս Հայոց, որում Ծալէհ կոչէին. որ էր այր անօրէն եւ արիւնահեղ, յորմէ բազումք զգուշացեալ անձնապահ լինէին. քանզի ոչ կարէին յայնժամ այնպիսի նեղութեան տանել: Էին ոմանք ի նախարարացն Հայոց, որք մերժեալ լքին զժառանգութիւնս իւրեանց եւ փախստեայ անկան յաշխարհն Յունաց, ապաւինեալք առ կայսրն Կոստանդին: Իսկ Գագիկ որ էր տէր Արծրունեաց տանն, իբրեւ ոչ գտանէր տեղի փախստեան՝ անդէն գաղթէր յամրոցն որում Նկանն կոչեն. եւ ժողովեալ առ ինքն զնախարարս աշխարհին նոցին հեծելովք, եւ ելեալ ասպատակ սփռէր զկողմամբք Ատրպատական աշխարհին, ի Զարեւանդ գաւառ, ի Բուտակս եւ Զիդռոյ, ի Տասուկ, ի Գազնակ, ի Յորմի, ի Սուրենապատ եւ յայլ եւս մերձակայ գաւառսն, յորում գործէին գործ անհաճոյ Աստուծոյ, նմանեալ անօրինաց, որ ոչ վայել էր քրիստոնէից: Պահանջէր եւ հարկս յաշխարհէն բազում տագնապաւ խոշտանգեալ. եւ գայր հասանէր ի գաւառն Հեր, յորում վայրի հասանէ Ռուհ ոմն զօրավար Իսմայելացւոց, եւ ընկենոյր բազում վիրաւոր ի զօրուէն Հայոց եւ զայլսն փախստական ընկենոյր յամուրն Նկան. եւ ինքն շրջէր զգաւառօքն Վասպուրականի, զի կարասցէ որսալ զնա յորոգայթ իւր: Ապա իբրեւ տեսանէր տէրն Արծրունեաց զխորտակումն զօրաց իւրոց՝ ոչ եւս

XXXII

Now let me discourse about that rebel called Saleh [al-Kindi] whom Abdullah had initially sent to the land of the Armenians. He was an impious and bloodthirsty creature against whom many took precautions, since they could not endure such tribulations any longer. There were some among the Armenian lords who gave up and abandoned their legacies, fleeing to Byzantine territory and seeking refuge near Emperor Constantine. Now as for Gagik, lord of the Artsrunik' House, he was unable to find any [foreign] place to flee to. And so he migrated to the fortress of Nkan, gathering there all the lords of the land with their cavalry. Then he arose and commenced raiding in the land of Atrpatakan, in the districts of Zarewand, Butak, Zidr'o', Tasuk, Gaznak, Ormi, Surenapat and other neighboring districts where [Gagik's forces] worked deeds unpleasing to God, similar to the infidels, and unbefitting Christians. They demanded taxes from the land, using numerous wicked tortures [to get them]. Then [Gagik] arrived in the district of Her. A certain Ishmaelite general [named] R'uh also arrived [in Her], wounding many Armenian troops and putting the rest to flight to Nkan fortress. [R'uh] himself circulated around in the Vaspurakan district to try to catch [Gagik] in his net. However, when the lord of the Artsrunik' saw the destruction of his forces, [he realized] that he would be unable to resume

կարաց ելանել ի գործ անօրէնութեանն. այլ անկեալ յամրոցն՝ դադարէր առ սակաւ մի: Յետոյ այլ զօր եկեալ ի վերայ նորա, որոյ զօրագլուխ էր Մուսէ՝ պաշարեալ պահէին զամրոցն ամ մի: Եւ իբրեւ ոչ ինչ կարէր ստնանել՝ դաւով նենգեալ կոչէր ի խաղաղութիւն, եւ ըմբռնեալ տայր ի ձեռն իշխանին Իսմայելի: Եւ նորա արկեալ զնա ընդ կապանօք՝ դնէր ի կալանս բանտի յանհանդուրժելի նեղութեան եւ պահանջէր ի նմանէ զարծաթն, զոր հարկապահանջութեամբ ժողովեալ էր յերկրէն Պարիսց:

Իսկ նորա ոչ խնայեալ ի գանձս, որչափ գտանէր ի ձեռին նորա, զի թերեւս կարասցէ շահել զկեանս իւր. այլ ոչ ինչ օգտեալ անդէն վախճանէր ի տառապանս բանտին, իբրեւ զայր մի յանարգաց: Եւ զորդիս նորին զՀամազասպ եւ զՍահակ յոլով ժամանակս կալեալ ի կապանս՝ ապա ուրեմն անկուշեալ կամք չարաշուք գահճին՝ հաճեալ հաւանութեամբ հաշտէր ընդ նոսա պատուելով, եւ առաքէր յերկիրս Հայոց:

his impious deeds, and retreated into the fortress where he desisted for a while. Subsequently another force came against him. Its chief was Muse', who besieged that fortress for a year. When he was unable to capture it, he treacherously summoned [Gagik] to [discuss] peace. [Muse'] arrested [Gagik] and turned him over to the caliph who put him in shackles and threw him into a prison of unbearable narrowness and demanded from him the silver he had demanded as tax from the country of the Persians.

[Gagik] withheld none of the treasure which was in his hands, just to save his life. But it did no good, for he died there in tribulation, like a worthless man. [Gagik's] sons, Hamazasp and Sahak, were kept in bondage for a long time. However, since they resisted the will of the evil executioner, [the caliph eventually] became reconciled with them and ordered that they be sent [home] with honor to the country of the Armenians.

ԼԳ

Զայն ժամանակս ի հրամանատարութեան Եզկտի եւ յիշխանութեանն Աբդլայի միւսոյ յոյժ ծանրացաւ անուր լծոյ հարկապահանջութեան ի վերայ աշխարհիս Հայոց. քանզի դժոխաձեւ ազահութիւն անհամբոյր թշնամւոյն ոչ շատացաւ ուտել զմարմինս ընտրելոց Քրիստոսի հօտիս եւ ըմպել զարիւն իբրեւ զջուր զարհամարհանս նոցա. այլ համօրէն զբոլոր երկիրս Հայոց արկանէր ընդ անհանդուրժելի վտարանդիւք. զի վախճանեաց զգիւտ արծաթոյ ի յերկրէս, եւ ամենայն որ տալով զպահճարանս ընչից իւրեանց՝ ոչ գտանէին զգինս փրկանաց անձին իւրեանց. եւ չար կտտանօք, գելարանօք եւ կախաղանօք եւ դառն տանջանօք կեղէին զկեանս մարդկան: Եորմէ փախստեայ եղեալ բազումք յայրս եւ ի փապարս երկրի՝ դօղեալ թագչէին. եւ ոմանք ձիւնահեղձ եւ գետավէժ լինէին վասն անտանելի աղետիցն. զի ոչ էր գիւտ զոր հայցէինն, գտանել պահանջումն սակի արծաթոյն, այլ ըստ գլխոյ արանց. որովք թափուր մնացեալք յամենայն ստացուածոց՝ կապէին կապանօք տնանկութեան երկիրս Հայոց, եւ առհասարակ ճաշակէին ի հնոցէ աղքատութեան նախարարք եւ մեծամեծք: Թէպէտ եւ բազում անգամ բողոքէր իշխանն Սահակ եւ հայրապետն տէր Տրդատ որ ի տանէ նախարարացն Վանանդ գաւառի՝ այլ ոչ լուաւ զաղաղակ նոցա Եզկտն որ ի վերայ հարկին էր յաշխարհիս: Բարձրացեալ բողոք տրտնջմանն հասանէ առ Աբդլայն, եւ խըրոխտացեալ կոչէ առ ինքն զԵզկտն եւ փոխանակ նորա

XXXIII

In this period, during the overseership of Yazid and during the caliphate of the other Abdullah,[66] the unbearable level of taxation greatly increased over the land of the Armenians. For the insatiable greed of this hellish enemy was not satisfied by eating the flesh of Christ's chosen flock or by scornfully drinking their blood as though it were water. The entire country of the Armenians was thrown into unendurable distress, as the discovery of [new sources of] silver ceased. Everyone gave up their belongings just to save their lives, but [what they gave] still was not enough. They were wickedly tortured, put into fetters, beaten, or hanged. Many fled to the caves and crevices of the country and hid there; while others, unable to find what was demanded of them, died in the snow or drowned in rivers. Taxes were demanded of them in silver and *per capita* as a result of which they were deprived of everything they possessed. They tied our country of Armenia with the bonds of bankruptcy. The lords and grandees, one and all, ate from a furnace of poverty. Despite the fact that Prince Sahak and the patriarch, Lord Trdat from the House of the lords of Vanand district, protested many times, Yazid, who was in charge of tax collection in our land, did not heed their complaints. The clamor of their protests reached Abdullah [Caliph al-Mansur] who angrily summoned Yazid and, as his replacement,

---
66 *Abdullah:* Caliph al-Mansur, 754-775.

առաքէ զԲագար որդի Մսլիմայ: Եւ յետ ոչ բազում ժամանակի, զի եւ ոչ զամ մի ողջոյն տեւեալ Բագարն, կոչէ զնա առ ինքն առանց իրիք պատճառի, եւ առաքէ զՀասան. քանզի մեքենայոյզ խորամանկութիւնն յորդորէր խոնարհեցուցանել զերկիրս Հայոց ի տեղիս չարչարանաց. մանաւանդ թէ ոչ նա, այլ կամք ուղղչի իշխանացն կատարի, որում ի վերուստ վկայէր բարկութիւն գոլ բազմութիւն մարախոյն եւ կարկուտք եւ երաշտութիւնք անձրեւաց: Այսոքիկ ցոյցք բարկութեանն ի վերայ մեր:

Իսկ իբրեւ եկն Հասան որդի Կահաթրայ հրամանատար ի վերայ երկրիս Հայոց, եւ ընդ նմա գունդ բազում ի տոհմէ Խորասան աշխարհին, որք առաւել դառնութեամբ յաճախ գործէին զզազրագործութիւն եւ բազմացուցանէին զաղէտս եւ զհեծութիւնս աշխարհիս, զի որպէս նախ զայս պատմեցաք՝ ի տեառնէ կարծրանային սիրտք նոցա առ ի վրէժխնդրութիւն չարեաց մերոց. զի արդարեւ սով եւ սուր եւ սասանութիւն յաճախէր յազգապետութեան նորա: Եւ եւս առ այսոքիւք արհամարհութիւնք հայրապետաց, այպանութիւնք եպիսկոպոսաց, զան եւ խոշտանգանք քահանայից, իշխանաց եւ նախարարաց քարշանք եւ քայքայութիւնք. որում ոչ կարացեալ հանդուրժել զօրագլուխք աշխարհիս՝ հեծէին եւ հառաչէին յանհանդուրժելի տագնապէն. քանզի զռամիկ բազմութիւն մարդկան խոշտանգէին ազգի ազգի չարեօք, զոմանս փոկահարութեամբ լըլկէին վասն հարկապահանջութեան դառնապէս, եւ զոմանս գելարանօք եւ կախաղանօք, եւ զոմանս մերկացեալ ի զգեստուցն՝ արկանէին ի մէջ լճից յաւուրս դառնաշունչ ձմերայնւոյ, եւ կարգէին ի վերայ պահապանս, զի չարչարեսցեն զնոսա, եւ այնպէս չարալլուկ կտտանօք կեղէին զկեանս նոցա, զոր պատմել ոչ կարեմք զաղետիցն պատմութիւն:

sent Muslim's son, Bakkar.[67] After not too long a period—not even one full year—Bakkar was summoned back for no cause and Hasan[68] was sent as his replacement. This was because with deceitful machinations he was furthering the descent into torments of the country of the Armenians. And yet, [the prime mover in this] was not he; instead, he was implementing the will [of God], the corrector of princes. He was [but] a witness to the anger from On High: hosts of locusts, hail, and absence of rainfall. Such were the examples of [divine] wrath visited upon us.

Now when Hasan ibn Kahtaba arrived to be the overseer of the country of the Armenians, along with him came many brigades from the clans of the land of Khurasan. Even more bitterly and more frequently did they work their abominable acts, increasing the disasters and worsening the plight of our land. For as we noted earlier, it was the Lord who hardened their hearts to vengeance for our sins. Indeed famine, the sword, and slaughter increased during his clan's tenure. Beyond this there was the insulting of patriarchs, ridiculing of bishops, beating and torture of priests, as well as persecution and dispersal of the lords. The military commanders of our land were unable to endure this. They groaned and heaved, reeling from the unendurable calamities. Furthermore the mass of the *r'amik*[69] were afflicted by diverse evils: some were beaten severely because of their inability to pay taxes, some were bound in chains, some were hanged. Others were stripped naked and thrown into a lake in the most bitter cold of wintertime and then guards were stationed around to torture them. And thus did they die cruel and painful deaths. We are unable to narrate more about these disasters.

---

67 *Bakkar:* ibn Muslim al-Ukaili, 769-770.
68 *Hasan:* ibn Kahtaba al-Tai'i, 754-759.
69 *R'amik:* common folk.

ԼԴ

Յայսմ վայրի ճառեցից զվայրենամիտ ազգին Իսմայելի զխստասիրտ դառնութիւնն ի գլուխ ելեալ. քանզի իբրեւ տեսին նախարարք Հայոց զվտանգ տարակուսանացն հասեալ ի վերայ ինքեանց՝ եդին զոգի ի ձեռին իւրեանց եւ ձեռնամուխ եղեն յիրս, զոր ոչ կարէին վճարել, վասն զի նուազունք էին: Այլ սակայն լաւ համարեալ զմահ քաջութեամբ քան զկեանս վտանգաւոր՝ ձեռնամուխ եղեն յիրս ապստամբութեան, եւ ի բաց կացին ի հնազանդութենէն Իսմայելի: Եւ սկիզբն բանիս այսորիկ լինէր ի ձեռն Արտաւազդայ, որ էր ի տանէ Մամիկոնէից. որոյ երթեալ ի մայրաքաղաքն Դուին՝ կազմութիւն մեծ առնէր զօրաց իւրոց. եւ ստանայր անդ զէնս եւ անօթս պատերազմի, եւ վառէր զինքն զրահիւք եւ սաղավարտիւք եւ ամենայն սպառազինութեամբք, եւ մտերիմ զինքն երեւեցուցանէր զօրացն Իսմայելի, իբր թէ մարտնչել ընդ թշնամիս նոցա կազմիցի: Եւ որոշեալ զինքն ի միաբանութենէ նոցա՝ հասանէր ի գաւառն Շիրակ ի գիւղն Կումայրի, եւ սպանանէր զհրամանատար հարկին: Եւ որ ինչ գտանէր ի ձեռին նորա առեալ՝ համբառնայր ամենայն տամբ իւրով, գնայր ի կողմանս Վրաց աշխարհին, եւ ընդ նմա ամենայն նախարարք աշխարհիս: Եւ հասեալ համբաւն ի քաղաքն Դուին, եթէ այս ոճիրք դառն գործեցան յորդւոցն Հմայեկի՝ վաղվաղակի առնոյր զօր բազում Մահմետն, եւ զՍմբատ որդի Աշոտոյ զսպարապետն Հայոց եւ զայլ նախարարսն, եւ հետամուտ լինէր զկնի նոցա. հասանէր յաշխարհին Վրաց ի գաւառին որ կոչի Սամցխէ. եւ կալեալ զկիրճսն՝ թափէր ապուռ ինչ յաւարէն. եւ զնոսա վարեալ փախստական առնէր յաշխարհէս Հայոց:

XXXIV

Now I shall describe how the savage insanity of the nation of the Ishmaelites came to a head. For when the lords of the Armenians saw [the extent of] the calamity they were ensnared in, they put their lives into their own hands [and decided to act]. However they were unable to realize [their goal] because they were few in number. Nonetheless they considered it better to die bravely than to live in danger, and so they opted for rebellion—to withdraw from obedience to the Ishmaelites. This [rebellion] was initiated by Artawazd of the Mamikonean House. When he went to the capital Dwin, he greatly organized his troops. There he received weapons and [other] war materiel. [Although] he himself took up shield, helmet, and all the armaments [of war], he made himself appear to be an intimate [supporter] of the Ishmaelite forces, someone who wanted to fight against their enemies. When he [finally] resolved to distance himself [from the Arabs] he went to the city of Kumayri in the Shirak district, where he killed the tax collector and seized whatever he found there. He took his own [Mamikonean] House and went to the land of the Iberians [Georgians], taking along all the lords of the land. News reached Dwin that the sons of Hmayeak had worked these criminal acts. Hasan[70] swiftly assembled many troops, including Ashot's son Smbat, the *sparapet*,[71] and other lords and pursued [Artawazd's forces] to the district called Samts'xe' in the land of Iberia [Georgia]. He captured gorges, seized part of the booty, and sent them fleeing to the land of the Armenians.

---

70   *Hasan* ibn Kahtaba al-Tai'i.
71   *Sparapet:* commander-in-chief.

CHAPTER XXXIV

Իսկ նոքա երթեալ պատսպարէին յաշխարհին Եգերացւոց. եւ ստանայր անձամբ զիշխանութիւն անձին իւրոյ ի վերայ Եգերացւոց եւ ի վերայ Վէռիոյ, որ են Վիրք: Եւ ի ձեռն այսր գործոյ առաւել զայրագնեալ հրամանատարն Հասան՝ վաղվաղակի առաքէր յամենայն կողմանս իւրոյ իշխանութեանն զբռնութիւն հարկին ժողովել մեծաւ ստիպով. եւ յոյժ սաստկանայր հեծութիւն աշխարհիս ի պահանջողաց հարկին. քանզի ամենեւին նուազեալ էր գիւտ ածաթոյ յաշխարհէս Հայոց: Անդ ուրեմն շարժէր սիրտ նախարարի ուրումն ցասմամբ, որ էր որդի Հրահատայ կոմսի ի տանէ Մամիկոնեան, որոյ անուն էր Մուշեղ: Սա միաբանեալ ընդ իւր զոմանս ի նախարարացն Հայոց՝ ի բաց եկաց ի հնազանդութենէ Իսմայելի. եւ գտեալ զոմանս յորդւոցն Իսմայելի ի գաւառի իւրում եւ ի տան իւրում, որք եկեալ պահանջէին ի նմանէ զարիւնս ոմանց սպանելոց ի տոհմէ իւրեանց՝ խողխողէր զնոսա ի սուր սուսերի իւրոյ: Եւ ինքն գաղթէր յամրոցն Արտագերոյ հանդերձ տամբ իւրով:

Եւ ելեալ նոյնժամայն ի գաւառն Բագրեւանդ, եւ ընդ նմա արք մկ, եւ ըմբռնեալ զպահանջողսն հարկին, որում անունն էր Ապումճուր եւ զորս ընդ նմա՝ հարեալ սատակէր ի սուր սուսերի իւրոյ. եւ լռեցուցանէր զպահանջումն հարկին յերկրէս: Եւ իբրեւ այս այսպէս վճարէր՝ ժողովէին առ նա ամենայն վշտատեսք եւ վտանգեալք հոգւով:

So [the Armenian rebels] went and secured themselves in the land of the Egerians and [Artawazd] personally took over the reigns of power over the Egerians and over the Ve'r'i, who are the Virk' [Georgians]. These events further enraged Governor Hasan, who immediately sent [word] to all parts of his realm that taxes be gathered with added force and violence. Thus there was additional grief from taxes in our land, since the discovery of silver had completely ended in the land of the Armenians. This inflamed the heart of one of the lords, named Mushegh, who was the son of Count Hrahat from the Mamikonean House. He united some of the Armenian lords with him and withdrew from submission to the Ishmaelites. He found some of the sons of Ishmael in his own district and [even] in his own home. They had come to demand from him the blood[price] for those clanmates who had been killed. [Mushegh] put them to the sword. Then he migrated to Artagers fortress with his House.

Reaching the district of Bagrewand with 260 men, he seized the tax collector named Abu Mjur and those with him and put them to his sword. Thus, in that country, demands for taxes were silenced. After this, all those [folk] who were grieving physically and spiritually flocked to him.

Եւ յայնմհետէ զարթեան յամենայն կողմանց թշնամիք ի վերայ նորա: Եւ նախ քան զայս՝ յորդւոցն Իսմայելի ի քաղաքէն Կարնոյ հասանէին ի վերայ նորա, որք էին իբրեւ արք երկերիւր, վառեալք կուռ սպառազինութեամբ. յորոց վերայ հասեալ ի գիշերի ի գիւղն Խարս սակաւ արամբք, զի էին բանակեալ ի մէջ այգեստանեացն, շուրջ կացեալ զնոքօք՝ փլուզին զդուզնաքեայ պատուար այգեստանեացն, զի էր կարկառակոյտ քարանաց առանց հողոյ. եւ յանչափ դղրդմանէ քարանցն բախեալ երիվարացն՝ զբազումս առաթուր հարեալ սատակէին. եւ առեալ զզէնս եւ զկապուտ անկելոցն՝ տայր զօրաց իւր, եւ զերիվարս եւ զամենայն կազմած զինուց. եւ ինքն խաղացեալ գնայր ի կողմն ամրոցի իւրոյ:

Եւ իբրեւ այս լուր աղէտի հասանէր ի քաղաքն Դուին առ զօրավարն Իսմայելի Մահմետ՝ յամենայն կողմանց տագնապ մեծ յառնէր ի վերայ նոա. եւ գումարեալ զզօրս քաղաքին Դունայ՝ տայր ի ձեռս զօրագլխի միում, որում անուն էր Ապունճիպ, ելանել ի խնդիր վրիժու արեան սպանելոցն: Եւ առեալ զօրավարին այնմիկ զընտիրսն հեծելոց իբրեւ արս Տ՝ ուշ եղեալ ընդ պողոտայն արքունի՝ հասանէր ի գաւառն Բագրեւանդ ի գիւղն Բագաւան: Անդ ի վերայ հասանէր նոցա Մուշեղ եւ ընդ նմա արք իբրեւ Մ. եւ մատուցեալք ընդ միմեանս՝ օգնութիւն ի տեառնէ վաղվաղակի հասանէր ի թիկունս գնդին Մուշեղայ. եւ բազում հարուածս հարեալ սատակէին ի զօրացն Իսմայելի, եւ զմնացեալսն ի փախուստ դարձուցեալ՝ հետամուտ լինէին մինչեւ յաւանն Արուճ, եւ զբազումս ճռաքաղ առնէին, մինչեւ զնոյն ինքն զզօրագլուխն հարեալ սատակէին: Եւ մեծաւ յաղթութեամբ դարձեալ ի հետոց նոցա՝ լնուին բազում աւարաւ յաւարէ թշնամեացն:

Then enemies from all quarters arose and came against him. But before this, some 200 heavily armed sons of Ishmael had arrived from the city of Karin. In the nighttime [Mushegh] went against them with a few men, to the village of Xars where [the Arabs] had encamped their forces in the vineyards. [The Musheghеans], surrounding them, demolished the vineyards' weak walls, which were constructed with stones, without mortar. The horses were trapped under the strong explosion of falling rocks and many of the horsemen were trampled and died. [As for Mushegh], he gathered up the weapons, booty and horses of the fallen and gave them to his own troops. Then he himself went toward his fortress.

When news of this disaster reached the city of Dwin, the Muslim general Muhammad began receiving frenzied complaints from all sides. So he gathered up his troops and those from the city of Dwin, entrusting [the force] to a military commander named Abu Njib to go and avenge the blood of the fallen. The general took approximately 4,000 choice cavalrymen and cautiously passed along the royal highway, reaching the village of Bagawan in the district of Bagrewand. Here Mushegh and some 200 of his men pounced on them. As they fought each other, the Lord's speedy assistance came to Mushegh's brigade. Delivering many blows, they slaughtered the Ishmaelite troops. The survivors took to flight, but [Mushegh's forces] pursued as far as Aruch village, seizing many of them including the general himself. And they wiped them out. In great triumph [the Musheghеans] turned back, heavily laden with the enemy's spoils.

Եւ փախստեայքն անկան ի քաղաքն Դուին սակաւք ի բազմաց: Որոց ընդ առաջ լինէին համազգիրքն արք եւ կանայք վայիւք եւ ճչօք, հող ի գլուխ լինելով, զճակատ հարկանէին եւ զօձիս պատառէին, եւ ողբովք եւ աշխարանօք լնուին ամենայն փողոցք լայնանիստ քաղաքին: Եւ ահ մեծ անկանէր ի վերայ Սառակինոս զնդին. եւ ոչ լինէր նոցա համարձակ ելանել քան զքաղաքն. այլ անձնապահ լինէին յամրութեան քաղաքին:

Ապա իբրեւ զայս յաջողուած գործոյ տեսանէին նախարարք Հայոց՝ ամենեքեան միամտեալ ընթանային զհետ անմիտ խորհրդին. զի կարծէին լցեալ զժամանակ իշխանութեանն Իսմայելի, եւ մանաւանդ պատրեալք առաւել ի կարծիս առն միոյ մոնոզոնի, որ մոլորութեան հոգւովն շարժեալ՝ մարգարէանայր սնոտիս եւ ընդունայն ասելով. «ահա մերձեալ է ժամանակ փրկութեան ձերոյ. զի այժմ ընդ հուպ դարձցի գաւազան թագաւորութեանն միւսանգամ ի տուն Թորգոմայ, առնուլ ձեօք զվրէժ յազգէն Իսմայելի. եւ դուք մի՛ զանգիտէք յերեսաց նոցա, թէ նուազունք իցէք, զի մի այր ի ձէնջ հալածեսցէ զհազարսն, եւ երկուքն զբիւրսն. զի զպատերազմն ձեր տէր պատերազմեսցի. զօրացարո՛ւք, մի՛ զանգիտէք»: Եւ այսպէս տեսիլ սուտ եւ ըղձանս ի ստից օր ըստ օրէ պատմէր նոցա, որում առհասարակ հաւատացեալ՝ տեսանօղ զնա կոչէին: Եւ յայսմ բանէ ամենեքեան պատրեալք՝ գրգռեցուցանէին զմեծ սպարապետն Սմբատ որդի Աշոտայ՝ հաւանել այնմ խորհրդի: Իսկ նա իբրեւ յակամայ կամաց շարժեալ յիւրմէ հաստատուն եւ յանխոռնարհելի խորհրդոցն՝ չոգաւ զկնի խաբեբայ եւ մոլեկան առնն այնորիկ:

Of the many [Muslims] who fled, only a few reached the city of Dwin. All the men and women of [the governor's] people came before him, shrieking and wailing and casting dirt over their heads and striking their foreheads, tearing their collars and filling all the city's broad streets with sobbing and lamentation. Great dread descended on the Saracens' brigade, and it did not dare sally forth from the city. Rather, they took refuge in the city's fortifications.

When the Armenian lords saw the [positive] outcome of these developments, all of them became certain of [its eventual] success, and pursued the foolish plan. For they thought that the rule of the Ishmaelites was ending. They were even more deceived by the opinions of a monk who, filled with the spirit of fanaticism, began prophesizing [the following] vain and futile words: "Lo, the time of your salvation has arrived, for soon the royal scepter of authority will once again return to the House of T'orgom [the Armenians], and by means of you vengeance will be exacted from the race of Ishmael. Do not fret that your numbers are fewer than theirs. For just one of you can conquer a thousand of them, while two [of you can conquer] tens of thousands. This is because the Lord is fighting your war. Arm yourselves and fear not." Thus did [the monk] on a daily basis narrate such false and delusional visions, and everyone believed him and called him a seer. Tricked by such words they also gradually deceived the great *sparapet* Smbat, Ashot's son, into believing it.

CHAPTER XXXIV

Եւ ժողովեալ ամենայն նախարարք Հայոց ի մի վայր՝ առնէին առ միմեանս երդմունս եւ դաշինս ուխտի՝ կեալ եւ մեռանել ընդ միմեանս: Եւ այսպէս միախուռն ժողովեալք առ միմեանս՝ լինէին իբրեւ արք հինգ հազար. զի բազումք ի ռամիկ ժողովոց եկեալ խառնէին ի գունդն նոցա. եւ համբարձեալ գնացին ի կողմանցն այնոցիկ պաշարել զքաղաքն Թէոդուպոլիս որ է Կարնոյ քաղաք: Եւ պաշարէին զնա պատնիշօք, եւ զամենայն ժամանակս ձմերայնւոյն մարտ եդեալ կռուէին ընդ նմա, կանգնեալ զնովաւ մահարձան, եւ հատանէին վէտս ծակուց արտաքուստ ի քաղաքն. այլ ոչ ինչ կարացին ստնանել, բայց որչափ սակաւ ինչ ի քարէ մեքենայիցն, որովք սատակէին ի քաղաքէն:

Իսկ Աշոտ ի տանէ Բագրատունեաց, որդի իշխանին Սահակայ, զի էր այր խոհական հանճարով՝ ոչ միաբանեաց ի գործ վնասակար աղէտին. այլ եւ զնոսա եւս խրատէր, ի բաց թողուլ զվնասակար կարծիսն՝ զոր ունէին ի վնասակար խրատուէ մոլեկան մոնոզոնին, եւ անձնապահ լինել անձանց եւ ընտանեաց նոցին, զի ասէր «մանկունք էք եւ կրտսերագոյնք հասակաւ. եւ գիտեմ եթէ ոչ կարէք զդէմ ունել զօրութեան բազմագլուխ վիշապին, զի հզօր է զօրութիւն նորա եւ անթիւ բազմութիւն ընդ ձեռամբ նորա, եւ անչափ պատրաստութիւն զինուց ի գանձս նորա. եւ ամենայն թագաւորութիւնք որք հակառակ կացին իշխանութեան նորա՝ փշրեցան որպէս զանօթ բրտի. զի թէ Հռովմայեցւոց թագաւորութիւնն ոչ կարաց համբառնալ զձեռս ի վեր, այլ սարսեալ դողայ յերեսաց նորա, եւ ոչ յանդգնել ընդդէմ՝ տէրունեան հրամանին. զի եւ դուք չէք անտեղեակ ամենայն զօրութեան արքային Յունաց, քաջութեան անձին

All the lords of the Armenians came together in some spot and swore an oath to die together [rebelling]. Consequently they united, some 5,000 men, since many of the common folk allied with their brigades. They arose from there and went to the city of T'e'odupolis which is [also] called Karin [Erzurum]. They besieged it with walls and throughout the entire winter they battled against it. They erected towers and punched holes in the city's outer walls. But they were unable to accomplish anything except to kill some people with rock-hurling machines.

Ashot of the Bagratuni House, the son of Prince Sahak, did not associate himself with this harmful and disastrous affair, since he was a prudent and brilliant man. Rather, he continued to advise them to distance themselves from the monk's fanatical and damaging counsel. He said: "You are too young, and I know that you cannot resist the power of that multi-headed dragon; and furthermore [their leader] has a limitless host at his disposal and his treasury can supply them with unlimited materiel. All the kingdoms which reject their authority they smash like earthenware pots. Indeed the Byzantine [emperor] cannot lift a hand [against them]. He quakes with fear at the sight of them and does not dare go against the divine command. You are unfamiliar with all the power of the Byzantine emperor, his personal bravery, [and the qualities of]

նորա եւ բազմութեան եւ պատրաստութեան զօրաց նորա, զի ամենեւին ընդ միտ անգամ ոչ էառ ածել զմտաւ առնուլ զաշխարհս Հայոց ի ձեռաց նորա. Կոստանդին որդի Լեւոնի, որ մենամարտեալ ի միում աւուր ընդդէմ ահաւոր գազանացն՝ սպան զառիւծն իբրեւ զուլս այծեաց: Արդ որ զայս ոյժ զօրութեան ունէր՝ այնպէս ընթադրեալ է յահէ չարաթոյն գազանին որ ապականէ զերկիր. իսկ դուք յո՞վ արդեօք ապաւինեալ, եւ կամ որո՞վ զօրութեամբ եւ որո՞վ ուժով կարէք զդէմ ունել անյաղթելի իշխանութեան նորա: Այլ արդ եթէ հաճոյ թուի անձանց ձերոց՝ ընկալարուք զխրատ իմ, քանզի զօգուտն ձեր եւ զպիտոյսն եւ զանդորրութիւն աշխարհիս տեսանեմ ես. զի այս լինի ելք գործոյդ, կամ դառնալ ձեզ եւ մտանել ընդ հնազանդութեամբ նոցա, եւ հանդարտել եւ կեալ խաղաղութեամբ յերկրիս ձեր, եւ կամ մերժիլ փախստեամբ համօրէն ընտանեօք յերկրէս ձերմէ, եւ լքանել, թողուլ զժառանգութիւն հարցն ձերոց զբնակութիւնս ձեր, եւ զանտառս եւ զանդաստանս, նա եւ զգերեզմանս հարց ձերոց, եւ երթալ բընակիլ նժդեհութեամբ ընդ արքային Յունաց: Եւ կամ թէ ոչ՝ անկանիցիք ի ձեռս նեղչաց ձերոց ի միում աւուր, եւ անախորժելի մահուամբ բառնայցեն զձեզ ի կենաց, զի գիտեմ ես զքարս անաստուածութեան իշխանին Իսմայելի, զի ոչ դադարէ մինչեւ կատարէ զկամս անձին իւրոյ»:

his forces and materiel. He never once thought to capture the land of the Armenians [from the Arabs]. [Emperor] Constantine, son of Leo, in one day of single combat against ferocious wild beasts, slaughtered a lion as though it were a goat's kid. Yet now [even he] who possessed such strength drew back in fear from that very evil wild beast which now pollutes our country. On whom will you rely [for help]? Whose power, whose strength [will help you] against the invincible [Arab commander's] authority? If it pleases you, accept my advice. For my concerns are for your safety, and for the needs and peace of our land. The matter will resolve itself in [one of these] three ways. Either you will return and then submit to them, and your country will remain in peace. Or you will reject [submission], take to flight with all your comrades and their families, abandon the inheritance of your fathers and their dwellings, forests, fields, even your fathers' graves—and go into exile to the Byzantine emperor. Or else you will fall into their hands in a single day and die a disagreeable death. For I know things about the godless caliph, [and I know that] he will not stop until he succeeds."

CHAPTER XXXIV

Իսկ նոքա ոչ ընկալան զոր լուան. զբանս խրատու օգնութեանն յընչաց քերէին, իբրեւ զխրատ նենգութեան. քանզի յոյժ հաւանեալք էին ստապատում առն մոլորելոյ, որ օր ըստ օրէ յորդորէր զնոսա կալ պնդակազմ ի գործ առաջարկեալ եւ մի՛ ինչ երկմտութեամբ ստգտանել զանձինս. որոյ անուղղայ կամակորութիւն ջախջախուն խորհրդին անդէն ընդհուպ երեւէր. զի քակեալ ի միմեանց անմիաբանք լինէին: Զի նախարարք տանն Արծրունեաց Համազասպ եւ եղբարք իւր եւ զօրք նորին մնացին անդէն ի կողմանս Վասպուրական աշխարհին. եւ Վասակ որդի Աշոտոյ եւ որք ի տոհմէ Ամատունեացն եւ Տրունեաց՝ մնացին անդէն, ոմանք յամուրն բերդի ի Դարիւնս գեօղ եւ ի ծագն Մակուայ, եւ ոմանք ի ձորնԱրազգեղտայ ամրացեալք՝ սփռէին շուրջ զգաւառօքն ի պէտս կերակրոց եւ անդրէն դառնային յամուրս իւրեանց:

Իսկ զօրքն Տաճկաց որ ի Դուին քաղաքի՝ ելեալ ասպատակէին ի տեղիս տեղիս գաւառաց որ շուրջ զինքեամբք, եւ առնէին աւարառութիւնս եւ հեղմունս արեանց ի գիւղն Պտղունս եւ ի Թալին եւ ի Կողբ, եւ յայլ բազում տեղիս սուր ի գործ արարեալ՝ զբազումս դիաթաւալ կացուցանէին:

Իսկ ի գալ գարնայնոյն գունդ կազմէր իշխանն Իսմայելի ի վերայ երկրիս Հայոց, եւ գումարէր զընտիրս հեծելոց իբրեւ արս լռ ընտիր երիվարաւ եւ կուռ սպառազինութեամբ ի տոհմէ Խորասան գնդին, եւ տայր ի ձեռս զօրավարի միոյ որում անունն էր Ամր. եւ առաքէ զնա յինքենէ ի լայնանիստ եւ ի հռչակաւոր անուն քաղաքէն, զոր շինեաց ինքն Աբդլա ապաւէն ամրութեան հզօրագոյն եւ անառիկ պարսպով ամ-րացեալ, որ անուանեալ կոչէր Բաղդադ:

But [the rebels] did not accept the advice that they heard. Quite the contrary, they regarded it as treasonous since they were so [completely] under the sway of that delusional man. [The monk] continually exhorted them to stand firm in the undertaking before them, and not to entertain doubts. But the effects of his devious, destructive advice were revealed shortly, for they broke away from each other and became disunited. The lords of the Artsrunik' House, Hamazasp and his brothers, stayed where they were in the land of Vaspurakan; Vasak, Ashot's son, and those of the Amatunik' and Trunik' Houses, remained where they were, some in the secure fortress in the village of Dariwnk' and in the hideouts of Maku, some holed up in the valleys of Arageght. They circulated around the districts looking for food, took it, and returned to their keeps.

Now the *Tachiks* who were in the city of Dwin came and began raiding here and there in the districts around them. They looted and shed blood in the village of Ptghunk', in T'alin, and in Koghb causing great bloodshed and killing many people.

When spring arrived, the caliph organized brigades [to go] against the country of the Armenians. He assembled some 30,000 select, heavily armed cavalrymen mounted on choice horses, from the clan of the Khurasan brigade, and entrusted them to a general named Amir [ibn Isma'il]. He sent them off from the expansive, renowned city which Abdullah [Caliph al-Mansur] himself had built, that city, securely fortified with impregnable defending walls, which was named Baghdad.

Եւ համբարձեալ զօրավարին ի կողմանցն Ասորւոց՝ գայր հասանէր յաշխարհս Հայոց ի քաղաքն Խլաթ, մեծաւ զգուշութեամբ եւ բազում պատրաստութեամբ զինուց: Իբրեւ մտանէր ի քաղաքն՝ տեղեկանայր ի քաղաքցւոցն անտի զոպիսութիւն զօրացն Հայոց, եթէ քանիք եւ եթէ ո՛յք իցեն զօրագլուխք, եւ եթէ միաբա՛նք իցեն ի սէր միմեանց եթէ երկբայք, եթէ քաջայա՛ղթ իցեն եթէ յամրեղք, եթէ ունիցի՛ն պատրաստութիւն զինուց եթէ ոչ: Զայս ամենայն տեղեկացեալ՝ պատրաստէր ըստ նմին զզօրագլուխս զօրաց իւրոց:

Իսկ Աշոտ որդի Սահակայ, զի էր ի քաղաքին յայնմիկ՝ զեկուցանէր զգալուստ թշնամեացն նախարարացն Հայոց, զի ուր ուրեք եւ իցեն, ի մի վայր գումարեցին կեալ եւ մեռանել ի վերայ միմեանց: Իսկ նոցա անհաւատալի թուեալ իրք հրովարտակին՝ համարէին, թէ դաւող խորամանկութեամբ կամի փրկել զքաղաքն ի պաշարմանէ անտի, իբրեւ մտերիմ զինքն ցուցանել Իսմայելացւոցն. եւ զայս առեալք ի միտ՝ անընկալք եղեն բանից նորա, այլ տակաւին զառաջի արկեալն իւրեանց խոկային կատարել: Ապա յետ այսորիկ գումարէին նախարարք ազգին Արծրունեաց զզօրս Վասպուրական աշխարհին, Համազասպ եւ եղբարք իւր եւ որք ի տոհմէ Ամատունեաց եւ զօրքն որ ընդ նոսա: Կոչէին ի թիկունս օգնականութեան զՎասակ որդի Աշոտոյ, զեղբայր Սմբատայ սպարապետի ի տոհմէ Բագրատունեաց եւ զզօրսն նորին. եւ խաղացեալ յառաջ՝ երթային ի վերայ Արճէշն աւանի՝ բրել զնա ի հիմանց եւ զզօրսն որ ի նմա՝ հարկանել սրով:

Then general [Amir], with great caution and extensive preparation, went to the city of Xlat' in the land of the Armenians, reaching it via the Syrian areas. When he entered the city, he was informed by the citizens there about the caliber of the Armenian forces, their numbers, whether they were [merely] youths, who were the military commanders, whether they were closely united, how brave, whether [inexperienced lads] without mustaches or seasoned fighters. Having been informed about all this, he prepared his own military commanders accordingly.

Now Sahak's son Ashot was in that city at the time and notified the Armenian lords about the enemy's arrival, and instructing them to assemble in one place, wherever they happened to be, to live or die as one. But they considered the information in this document unreliable, as though he deceitfully wanted to save the city from besiegement and thereby show himself as loyal to the Ishmaelites. Therefore, with this in mind, they ignored his words and persisted in carrying forward their earlier scheme. After this the lords of the Artsrunik' clan assembled troops in the land of Vaspurakan [including] Hamazasp and his brothers and those from the Amatunik' clan together with their troops. As auxiliaries they called upon Ashot's son Vasak, the brother of Smbat *sparapet* from the Bagratunik' clan with his forces, and they advanced upon the village of Arch'e'sh to destroy it to its foundations and to kill the soldiers in it.

CHAPTER XXXIV

Եւ իբրեւ հասանէին ի գաւառն Առբերանի ի գիւղն Բերկրի՝ մնային միմեանց գումարութեան։ Եւ զբազումս յաշխարհականացն հրապուրեալ զկնի ինքեանց՝ ի հետիոտսն տանէին ի մարտ պատերազմի։ Եւ մինչդեռ զայս խորհուրդ առհասարակ կամէին կատարել՝ վաղվաղակի հասանէր առ նոսա լուր զօրացն Իսմայելի. քանզի եկեալ ումն պատմեաց նոցա, եթէ զօր բազում յորդւոցն Իսմայելի հասեալ ի վերայ՝ սպասէ ձեզ։ Որում ոչ անսացեալ Համազասպ տէրն Արծրունեաց՝ հարուածովք տանջէր զնա իբրեւ զհրապուրիչ ստութեան. եւ ինքն խրոխտացեալ զընաց ի վերայ Արճէշն աւանի հանդերձ զօրօքն իւրովք։ Եւ իբրեւ մօտ հասանէին ի քաղաքագիւղն՝ բնակիչք քաղաքին յառաջ զգացուցին ի քաղաքն Խլաթ առ Ամր զօրավարն Իսմայելի զգալուստ նախարարացն Հայոց։ Եւ նորա խաղացեալ բազմութեամբ զօրացն՝ գայր եւ դարանամուտ լինէր մերձ ի գիւղն Արճէշ։ Եւ մինչդեռ մարտնչէին գունդն Հայոց ընդ ամրոցին՝ վաղվաղակի յարեան դարանամուտքն ի թագստենէն եւ զեղան ի վերայ զօրացն Հայոց, եւ ի փախուստ դարձուցեալ՝ կոտորեցին զմեծ մասն հետեւակ զօրուն որ յաշխարհաբնակ մարդկանէն էին. քանզի էին մերկք եւ առանց զինուց եւ անհմուտք պատերազմի. որք միանգամ հանդիպեալք դառն լուսոյ աւուրն այնորիկ, ի սուր անողորմ մաշեցին զնոսա. եւ ոմանք առ վտանգի տարակուսանացն գետավէժ եւ ծովահեղձ լինէին։

They reached the village of Berkri in the district of Ar'beran and waited for the others to assemble. Many of the common folk were attracted to them as foot soldiers for the battle. One and all wanted to do this, but then, suddenly, [bad] news reached them. Someone arrived and informed them that a large force of the sons of Ishmael had arrived and were awaiting them. But Hamazasp, lord of the Artsrunik', did not believe [the messenger] and beat and tortured him as a liar. [Hamazasp] himself boastfully proceeded against the village of Arche'sh with his troops. As they neared the town, the residents informed the commander Amir in the city of Xlat' about the arrival of the Armenian lords. [Amir left Xlat'] with a multitudinous host and lay in ambush near the village of Arche'sh. Thus, while the Armenian brigade was battling against the fortress, [the Arabs] suddenly emerged from the ambuscade where they were concealed and pounced on the Armenian troops. [The attackers] put them to flight, killing the majority of the infantry brigade which consisted of local residents—since they were naked, weaponless, and unskilled in warfare. [The Arabs] mercilessly slaughtered those they encountered in the bitter light of that day, while others [of the fugitives], in their panic, fell into the river and drowned.

Իսկ ի տոհմէ նախարարացն վախճանեցան արք Դ, որք էին ի նոցանէն երեքն ի տոհմէ Տրունեաց եւ մինն Յուրծայ գեղջէ, իսկ որ յռամիկ ժողովոյն վախճանեցան՝ էին իբրեւ ոչ մարդ: Եւ այլք ի փախուստ դարձեալք՝ հազիւ ուրեմն զապրուստ անձանց գտանէին: Եւ եղեւ չարմբեր նեղութիւն վտանգիս այսորիկ յամսեանն հրոտից, որ օր չորրորդ էր ամսոյն յաւուր շաբաթու: Եւ թշ-նամեացն հետամուտ եղ-եալ՝ հալածէին զզօրսն Հայոց մինչեւ ի տեղին որ կոչի Տայ գիւղ. եւ ապա դարձան ի հետոց նոցա եւ առնէին ուրա-խութիւն մեծ ի բանակն իւրեանց:

Յայնժամ ոչ սակաւ յաճախէր հեծութիւն աշխարհիս Հայոց, եւ ուրացողաց թշնամեացն ցնծութիւն եւ հրճուանք. քանզի նոյնժամայն շունչ կլեալք՝ դարձեալ յարձակէին, ուշ եղեալ ելանել յառաջին պողոտայն արքունի ընդ գաւառն Ապահունիս: Հասանէին ի գաւառն Բագրեւանդ ի գիւղն Արծնի. անդ հարկանէին զբանակս իւրեանց առ եզերբ գետոյն որ ընդ նա անցանէ. եւ ընդ նոսա ամենայն արուես-տականք եւ յարդարիչք զինուց. որք պատրաստէին զէնս եւ անօթս պատերազմի:

Four men from noble clans also perished, three from the House of Trunik' and one from the village of Urts'. Moreover some 1,500 of the common folk fell. As for those who turned to flight, almost none of them was able to save his own life. This terrible disaster occurred on Saturday, the fourth day of the month of Hrotits' [December]. The enemy pursued and struck the Armenian troops as far as the place known as Tay village. Then [the Arabs] turned back and their army greatly rejoiced.

As a result [of this defeat], despair increased in our land of Armenia, while the infidel enemy was delighted and overjoyed. After catching their breath, [the Arabs] resumed their assaults, traveling by the royal highway through the district of Apahunik'. They reached the village of Artsni in the district of Bagrewand, where they encamped by the banks of the river which flows through it. With them were all the craftsmen and creators of armaments who prepare weapons and war materiel.

Իսկ այն զօրք, որք պահէին զքաղաքն Կարնոյ՝ հաւուցանէին զնա մերձ յապականութիւն. քանզի սաստկացաւ սով ի քաղաքին, եւ կամէին յակամայ տալ զքաղաքն ի ձեռս: Եւ իբրեւ եհաս զրոյց պարտութեան գնդին ի քաղաքն Կարնոյ՝ յայնժամ լքաւ սիրտ արանց պատերազմողաց զօրացն Հայոց. եւ թոյլ ետուն պաշարման քաղաքին: Եւ թէպէտ կարօղ էին մեկնել ի կողմն Յունաց եւ ապրեցուցա-նել զանձինս ի չարաչար ապիրատութենէ զրպարտողացն՝ սակայն լա՛ւ համարեցան զմահ անձանց քան տեսանել զկորուստ աշխարհիս եւ զանպատուութիւն եկեղեցեաց Քրիստոսի: Եւ զայս զմտաւ ածեալ՝ թէպէտեւ նուազունք էին քան զթիւ թըշնամեացն՝ ինքնակամ յօժարութեամբ դիմեցին ի վիշտն. եւ ժողովեալ զգունդս իւրեանց իբրեւ արս ԵՌ՝ գնացին ի քա՛ղաքէն Կարնոյ, անցանէին ընդ սահմանս Բասենոյ ի գաւառն Բագրեւանդ: Իսկ եւ իսկ անցեալ ընդ գետն Արածանի՝ յարձակէին արիութեամբ սրտի ի վերայ թըշնամեացն. եւ բացագոյն երկու վտաւանօք զատուցանէին զաղխն իւրեանց եւ զերիվարս. եւ ի հետիոտս զայրագնեալ պատրաս-տէին ի մարտ պատերազմի թշնամեացն: Ելանէին ապա եւ գունդք թշնամեացն ի վերայ նոցա բազում պատրաստութեամբ:

Meanwhile those [Armenian] troops who were besieging the city of Karin had brought it close to the breaking point. Famine had become very severe there and, unwillingly, [the Arabs] wanted to give it into their hands. But as soon as the news about the defeat of the [Armenian] brigade reached the city of Karin, the Armenian fighting force lost heart and lifted the siege of the city. They could have left for Byzantine parts and saved themselves from the iniquitous, malicious slanderers, but instead they thought it better to die than to witness the destruction of our land and the desecration of Christ's churches. Having so resolved, despite the fact that their numbers were fewer than the enemy's, they voluntarily turned to this peril. They assembled a force of some 5,000 men, quit the city of Karin, and crossed through the confines of Basen into the district of Bagrewand. Next they crossed the Arsanias River and courageously attacked the enemy, [after first] leaving their equipment and horses two stadia distant. They went on foot, ferociously prepared to battle the enemy. Enemy brigades also arose against them with great preparation.

Եւ ընդ ծագել արեգականն խմբեցաւ պատերազմն. եւ իբրեւ բախեցին ընդ միմեանս՝ նախ զօրացեալ գունդն Հայոց՝ հարկանէին բազում հարուածս, եւ ի փախուստ դարձուցեալ զթշնամիսն սատակէին զբազումս: Եւ դարձեալ զօրացեալ՝ դարձան ի փախստենէ, եւ դիմադարձեալ զայրագին ցասմամբ՝ լնուին արհաւիրօք զբազմութիւն ռամիկ ժողովրդեան. եւ ի փախուստ դարձուցեալ զոմանս ի նախարարացն եւ ի նոցին հեծելոցն եւ զռամիկսն որք ընդ նոսա, զի զբազումս ի նոցանէն հարեալ տապաստ դաշտացն արկանէին:

Իսկ քաջայաղթ նահատակքն թէպէտեւ նուազունք էին ի մէջ չարաշուք որսողացն՝ սակայն ոչ ինչ զանգիտեցին ի դառնաշունչ օրհասէն. այլ մինչ ի սպառ գումարեալք ոգւով չափ՝ մարզէին զմիմեանս բանիւք ասելով. «քաջութեամբ մեռցուք ի վերայ աշխարհիս մեր եւ ի վերայ ազգիս, եւ մի տեսցեն աչք մեր կոխան ոտից լեալ պղծալից արանց զսրբարանս մեր եւ զտեղի փառատրութեան Աստուծոյ մերոյ. այլ նախ՝ ընդդէմ մեր լիցի սուր թշնամեացն. եւ ապա լիցի զօր կամիցին. փոխանակեսցին անձինք մեր ընդ ճշմարտութեան հաւատոյս եւ մի ընդ երկրաւոր զբազմանս. զի այս մահ՝ ժամանակեան եւ կեանքն՝ յաւիտենական»:

At daybreak [the two sides] were in battle array. When they clashed with each other, initially the Armenian brigade was dominant, delivering many blows, putting the enemy to flight, and killing many of them. But then [the Arabs] regained strength, turned from their flight, and resisted [the Armenians] with a wild rage, inflicting wounds on most of the common soldiers. Some of the lords then fled with their cavalry and the commoners who were with them. For many of them had fallen [and their corpses] covered the plain.

Yet these valiant martyrs ignored the bitter deaths awaiting them, even though they were vastly outnumbered by their wicked hunters. Until their final breaths they vied with each other, saying: "Let us bravely die for our land and our people. Let our eyes not witness our sanctuaries and the sites of the glorification of our God trampled by these loathsome men. Before that happens, let our enemy's sword confront us and have their way with us. Let us trade our persons for the truth of our faith and not for earthly concerns. For this death is temporary whereas life is eternal."

Եւ զայս քաջալերութիւն տուեալ միմեանց՝ ի բարձունսն կարկառեալ զաչս՝ օգնութիւն ի բարձրելոյն հայցէին ասելով. «Աստուած, յօգնութիւն մեզ հայեաց եւ յընկերել մեզ փութա: Ամաչեսցե՛ն զամօթ մեծ որք խնդրեն զանձինս մեր, եւ մեք զանուն քո, տէ՛ր, կարդասցուք ի նեղութեանս մերում եւ զանուն քո, տէ՛ր, փառաւորեսցուք ի նեղութեանս յոր պաշարեալս եմք. զի ահա շրջապատեալ պահեն զմեզ չարք՝ որոց ոչ գոյ թիւ, եւ ժամանեցին մեզ երկունք մահու»:

Զայս եւ առաւել եւս քան զսոյն մատուցանէին խընդրուածս աղերսականս եւ մաղթանս փափագելիս: Եւ յետ այսորիկ դարձեալ զօրացեալք յօգնականութենէ վերնոյն՝ ո՛չ ինչ կասեցին յառաջի արկեալ խորհրդոյն. քանզի չէին աւելի քան զՌ մի արանց ի մէջ ԼՌցն: Զի որպէս ուսաք ի նոյն ինքն ի թշնամեացն՝ ունէին, ասէ, ընդ ինքեանս մարտակիցս զհրեշտակական բազմութիւնս, որ մարմնական տեսլեամբ երեւէին թշնամեացն. զի տեսանէին երիցունս եւ պապասս աւետարանօք եւ մոմեղինօք եւ խնկօք առաջի նոցա երթալով՝ զօրացուցանէին զնոսա: Եւ անխընայ կոտորմամբ խնդրեցին զվրէժ անձանց մինչեւ պարտեցան ձեռք նոցա ի ծանրութենէ զինուցն միանգամայն. զի ոմանք թափուր մնացեալք ի զինուցն՝ անկան ի ձեռս նոցա, եւ իսկոյն առեալք զհրաժեշտ մեղանչական կենցաղոյս՝ փոխեցան ի հանդերձեալ յուսոյն ակնկալութիւնն երանելի եւ քաջ նահատակքն.

GHEWOND'S HISTORY

This is the encouragement they gave each other, fixing their gazes On High for assistance, saying: "God, help and accompany us quickly. Pity the great shame we are found in. In our peril we call upon Your name, Oh Lord, and glorify You in the dangers surrounding us. For countless evils surround us and hold us and the hour of our death has arrived."

[The Armenians] offered these and even more fervent pleas [to God]. Then fortified anew with aid from On High, nothing could shake their earlier determination, despite the fact that they were not even 1,000 [soldiers] facing 30,000 [Arab troops]. As we learned directly from the enemy, a multitude of angels was fighting on their side and appeared to the enemy in human form. They also confirmed that they had seen clerics and priests with gospels, candles, and incense at the front encouraging them. Then [the Armenians] mercilessly began to take vengeance on their foe until their hands weakened from the weight of their weapons. Some, devoid of weapons, fell at once, exchanging this transitory sinful life for the venerable hope of eternal life, and thus they became valiant martyrs.

Որոց զօրագլխացն անուանքն են այսոքիկ. ի տանէն Բագրատունեաց սպարապետն Սմբատ, եւ Սահակ՝ բարձակից եւ նիզակակից նորին. ի տանէն Մամիկոնեանց Մուշեղ զօրավար եւ Սամուէլ տէր Մամիկոնէից, որ էր որդի մատաղ եւ առոյգ գեղեցկութեամբ, աներ սպարապետին մեծի. եւ ի տանէն Գնունեաց Վահանն դաշնակ: Եւ այլք բազումք ի նախարարաց եւ յռամկաց զորս ոչ բաւեմ մի ըստ միոջէ յանուանէ թուել, որք անկանէին իբրեւ արք ԳՌ, որոց ողորմելի կատարածն եւ վախճանն անարգապէս. զի եւ ո՛չ հող նոցա բաւէր թաղել զդիակունսն թշուառացելոցն ի պատերազմէն. այլ բացընկեցիկ օթագայել ի վայրի, յարեւու եւ ի փոշւոջ եւ յանձրեւի եւ մըրրիկս հողմոց:

Եւ յայնժամ սաստկապէս յաճախէին ողբք եւ աշխարանք աշխարհիս Հայոց. վասնզի առաջնորդք մեծք եւ զօրագլուխք պատուականք բարձան ի միջոյ ի միում վայրկենի ժամու. եւ երկիրս առհասարակ ի խոր տխրութեան ըմբռնեալ՝ կոծէին կոծ մեծ եւ աւաղէին զվախճան նախամարտկացն հզօրաց եւ քաջաց. քանզի մնացին թափուր յօգնականութենէ նոցա, եւ մատնեցան ի ձեռս գազանաբարոյ եւ անհամբոյր թշնամեացն: Յիշէին ապա եւ ի նեղութեան զպաշտպան այցելութիւնն Աստուծոյ, զոր ի սկզբանցն պահեաց զողորմութիւն առ ազգս մարդկան, եւ մանաւանդ առ փառաբանիչս անուան իւրոյ. եւ հայցէին զխնամօղ ներողութիւն նորա հասանել յօգնականութիւն տարակուսելոցն եւ յուսակորոյս եղելոցն ի կենաց աշխարհիս:

GHEWOND'S HISTORY

The names of the military commanders were as follows: *Sparapet* Smbat and his ally and comrade Sahak from the Bagratuni House; General Mushegh and Samue'l, lord of the Mamikonean House, a vibrant and handsome young man who was the son-in-law of the *sparapet*; from the Gnunik' House, Vahan *dashnak* [the dagger], and many lords and commoners who cannot be named one by one. Close to 3,000 men fell [in that battle], but [they lay there] in a pitiful and dishonored state, since their bodies found no graves. Rather, the corpses of these war dead remained out in the open, exposed to the sun, dust, rain, and tempests.

Then again lamentations and wailing greatly increased in our land of Armenia. For great leaders and respectable military commanders were snuffed out in one moment. And thus the country was plunged into deep despair and the deepest sorrow over the loss of these brave and preeminent warriors. For [the country] was bereft of their help and was betrayed into the hands of the bestial and crazed enemy. Yet they recalled the mercy of God's visitation, [God] Who showered His mercy on humanity from the start, especially on those who glorified His name. They called upon God's loving mercy and sought His assistance for the hopeless and those living in doubt on earth.

CHAPTER XXXIV

Զի յետ կորստեանն որ եղեւ յԱրճէշն աւանի՝ անդէն ընդ հուպ հասին չարիքս այս ի նոյն ամսեանն ի հրոտից ի ԺԴ յաւուր երկուշաբաթւոջ: Եւ եւս դժնդակ նեղութիւն էր, զի եւ ոչ տեղի անգամ գոյր լալոյ եւ ողբոց համարձակապէս զննջեցեալսն, եւ ոչ հաց սգոյ բեկանել ի տունս իւրեանց, եւ ոչ տալ գերեզմանի զվախճանեալսն:

For this [latest disaster] followed on the heels of the [earlier] destruction in the town of Arche'sh, [and occurred] on a Monday in the same month, on the 14th day of [the month of] Hrotits'.[72] Yet this tribulation was even more severe, since there was no way to grieve for and mourn the dead openly and to have funeral meals in their homes. Nor could they even bury the dead.

---

72 *Hrotits'*: December.

ԼԵ

Իսկ թշնամեացն սփռեալ զասպատակ իւրեանց ի գաւառն Բագրեւանդ եւ ի սահմանակիցս նորա՝ եւ տագնապ մեծ յարուցանէին ի վերայ բնակչաց երկրին, ուս եղեալ ընդ ամենայն քաւարանս աղօթից՝ խոկային կործանել եւ շփոթել զսրբութիւն եկեղեցեաց Քրիստոսի. խորտակէին եւ զնմանութիւն պայծառացեալ խաչին Քրիստոսի, զոր ապաւէն եւ հովանի յեալս եւ ի մուտս կանգնեալ ի պատճառս երկրպագութեան համագոյ Երրորդութեանն. եւ հրկիզութեամբ բառնային ի միջոյ: Վարէին ուժգին հեռութեամբ ընդ քահանայս եւ ընդ մոնոզոնս ընդ պաշտօնակիցս նոցին, իբրեւ առաջնորդք նոցին՝ որքվախճանեցան ի պատերազմին: Յափշտակէին եւ ի տեղիս տեղիս զսպաս եկեղեցւոյ. եւ զնշխարս սրբոց Աստուծոյ վարեալ տանէին յաւարի: Եւ իբրեւ լցան զօրքն անօրէն յաւարէ աշխարհիս Հայոց՝ դարձեալ ելանէին ի վերայ ամրոցաց եւ նուաճէին զապաստանեալսն յամուրսն՝ կոչել ի խաղաղութիւն, եւ տային գիր երդման եւ իջուցանէին յամրոցացն:

Եւ ինքն չու արարեալ իբրեւ պանծալի եւ քաջ յաղթութեամբ՝ դէմ եղեալ գնայր յաշխարհէս Հայոց. անցանէր ընդ աշխարհն Պարսից, յանդիման կամէր լինել իշխանին Իսմայելի, իբրեւ զի զփոխարէն միամտութեան վաստակոցն առցէ նմանէն: Եւ նոյնժամայն հասեալ ի վերայ նորա դատաստան յիրաւադատէն Աստուծոյ՝ սատակէր ի կենաց յերկրին Պարսից: Քանզի չարաչար ցաւօք տանջեալ սատակէր եւ բստարժանւոյն ընդունէր զհատուցումն վրէժխնդրութեան. զի փոխանակ անպարտ արեանն հեղլոյ ի

XXXV

Then the enemy extended their raiding in the district of Bagrewand and adjacent areas, causing great crises among the inhabitants of the country. They stubbornly resolved to wreck and ruin the [Christian] temples of prayer and to pollute the churches of Christ's holiness. They wrecked the glorious symbol of Christ's Cross which had been erected at the entrances and exits as [a source of] refuge and protection for those who had come to worship the consubstantial Trinity, burning and eliminating them. They treated with fanatical spite the priests, monks, and their servitors—as though they were the leaders of those who had died in the battle. From various places they ravished Church vessels and relics of God's saints and carried them off as booty. Once the infidel troops had loaded up with this spoil from the land of the Armenians they turned again to the fortresses and conquered the strongholds where people had taken refuge, summoning them to peace, giving them written oaths and bringing them down from the fortresses.

Then [General Amir ibn Isma'il] left the land of the Armenians as though he had enjoyed some wonderful and valiant triumph and went through the land of the Persians. He wanted to stand before the caliph and receive a reward from him for his labors. But at that very moment the verdict of righteous God was delivered upon him and he perished in the country of the Persians. He died suffering from horrible pains, a worthy recompense for the blood of innocents shed by

ձեռն նորա՝ հեղաւ արիւնն իրաւացի, թէպէտեւ ոչ սրով մարդկան՝ այլ աներեւոյթ սրով հրամանաւ բարձրելոյն, որ ազգողական թափանցական զօրութեամբ քան զամենայն սուր երկսայրի յորոշումն ոգւոյ եւ շնչոյ եւ յօդից եւ ուղղոց անցանէ։ Այնու սրովն խնդրեաց զվրէժ արեան որդւոց իւրոց, եւ զհատուցումն ատելեաց իւրոց հատոյց. եւ զերկիր ժողովրդեան իւրոյ սրբեաց եւ խնայեաց ի ժողովուրդ իւր. զի զգաւազան ժողովրդեանն մերժեաց յերեսաց նոցա։ Միւսանգամ ապահով եղեն ի բնակութիւնս իւրեանց։

his hands. He was killed not by the sword of man, but by an invisible sword wielded from On High, [a sword] more forceful than any double-edged [earthly] sword which severed his spirit, breath, sinews, and mind. That sword [of God] sought vengeance for the blood of [His] sons and repayment for those who hated Him. [God] cleansed and preserved the country of His [believing] people, and drew back the scepter [used for punishing] them. And once again [people] were secure in their dwellings.

ԼԶ

Յայնմ ժամանակի դարձեալ առաքէ իշխանն Իսմայելի ի վերայ աշխարհիս Հայոց հրամանատար փոխանակ Հասանայ զԵզիտ: Եւ ինքն Աբդլա լցեալ ամենայն ախորժակօք չարասէր կամաց իւրոց եւ ճնշեալ զոգի իւր ի բաղձանս արծաթսիրութեան ախտի, եւ ագահեալ զագահութիւն չար տան իւրոյ՝ ընդունէր զմարգարէին նզովսն. եւ յուսակորոյս սատակէր անդէն ընդ հուպ ի նմին ամի:

Իսկ զհանդերձեալն զտեղի դատաստանի նորա յայտնեաց՝ որ բոլորեցունն է հատուցանող միում ումեմն յարժանաւորաց իւրոց ծառայից, քահանայի միոջ. զի տեսանէր ի տեսլեան սակաւ աւուրբք յառաջ քան զվախճանել կենաց նորա՝ տեղի խոշտանգանաց, եւ ի նմա վիհ զբոյ որ ամբաւ էր խորութեամբ, եւ ի բերան վհին կառուցեալ դուռն մի երկաթի: Եւ ածեալ զնա երկուց զինուորաց՝ կացուցանէին առ բերան զբին, եւ ի բաց առնլով զկափարիչ վհին՝ տեսանէր զի ելանէր բոց վհին ի վեր մինչեւ յերկինս, յոր առեալ ընկեցին զգործունեայն չարի. եւ դարձեալ ի վերայ կափուցեալ զնոյն դուռն՝ ըմբռնէին զնա յելանելի կապանս ընդունել զարժանաւոր հատուցումն: Զայսպիսի յայտնութիւն տեսլեան գուշակեալ վասն նորա, որ արդարեւ վայել էր ըստ չարութեան գնացից իւրոց զայնպիսի ընդունել հատուցումն յարդար դատողէն:

XXXVI

Once more the caliph sent Yazid [ibn Usaid] to Armenia as commander/governor as a replacement for Hasan.[73] Abdullah,[74] having worked all the malice his heart desired, crushing his own soul with the sickness of greed for money—his clan's particular greed—cursed by the prophet, hopelessly died that same year.

[God] revealed the full recompense of the judgment to be meted out to him in the next life by means of one of His worthy servants, a certain priest. For [this priest] had a vision a few days before [the caliph's] death in which he saw the place of his torments, a deep prison sealed off with an iron door. [The caliph] was brought to the mouth of the abyss by two soldiers who opened the door. And he saw flames shooting up to the sky. [The soldiers] took and hurled this malefactor down the stairs of the pit where he was trapped and received the punishment that he merited. Such was the revelation of that vision about the fate which awaited him, judicious punishment for his wicked deeds by the righteous judge.

---

73 *Hasan* ibn Kahtaba.
74 *Abdullah:* Abu Jafar al-Manur (caliph).

ԼԷ

Եւ յետ այսորիկ յաջորդէ զիշխանութիւն նորա Մահմետ Մահադի որդի նորա: Եւ սա էր ազնուական քան զհայր իւր եւ լաւագոյն բարուք: Եբաց զամենայն տունս գանձուց զորս աղխեալ պահէր ամբարիշտն Աբդլա, եւ բաշխեաց պարգեւս զօրաց իւրոց: Համարձակեաց եւ զդրունս մարզից՝ հանել զվաճառականս ի վաճառս իւրեանց եւ լնուլ զպէտս կարօտելոց. եւ եղեւ առատութիւն երկրի, եւ գիւտ արծաթոյ ընդարձակեցաւ. եւ բնակչաց երկրի անդորրութիւն եղեւ ի հարկապահանջ բռնութենէն. զի թէպէտեւ զանուր լծոյ հարկին ծանրացոյց՝ սակայն վասն գիւտի արծաթոյն հանգեաւ երկիրս առ փոքր մի ի չար տառապանաց վտանգին. քանզի եւ լերինք արծաթոյ յայտնեցան յաշխարհիս Հայոց առ ի հանել ի նոցունց խանութս արծաթոյ զտոյ ի պէտս մարդկան յաւուր իշխանութեան նորա:

Եւ ինքն Մահմետ սկսաւ գոռալ ընդդէմ իշխանութեանն Յունաց. եւ գումարեալ զօրս՝ տայր ի ձեռս զօրավարի միոջ իւրոյ եղբօր, որում անուն էր Աբաս, եւ առաքէ զնա յաշխարհն Յունաց. քանզի ի նոյն ամի սատակմանն Աբդլայի վախճանեցաւ կայսրն Կոստանդին, եւ Լեւոն որդի նորա փոխանորդեալ զաթոռ հօր իւրոյ: Եւ մինչդեռ նա զայս ածէր զմտաւ ի վերայ աշխարհին Յունաց, ապստամբել զօրօք ի վերայ նորա՝ առաքէ վաղվաղակի արքայն զօր բազում ի վերայ Բասանաստանի որում Բիշանն կոչի, եւ կարգէ ի վերայ նոցա զօրավարս երիս. որք էին երկու ի նոցանէն ի նախարարացն Հայոց, անուն միումն Տաճատ ի տանէ Անձեւացեացն, եւ երկրորդին Արտաւազդ

XXXVII

Now after this [al-Mansur's] son, Muhammad al-Mahdi[75] succeeded him. He was much more noble than his father and of much better disposition. He opened all the treasuries which the impious al-Mansur had kept closed, and distributed gifts to his troops. He also opened the border gates, allowing merchants to trade and to satisfy the requirements of those in need. And then there was plenty in the country, and the discovery of [new sources of] silver expanded, and the inhabitants of the country were at peace from the coercive extraction of taxes. Although [al-Mahdi] tightened the yoke of taxation, the country rested somewhat from the cruel and calamitous tribulations because of the discovery of silver. This was due to the additional discovery of silver in the mountains in the land of the Armenians. During his reign pure silver ore was extracted [which satisfied] the needs of the population [for taxes].

Then [Caliph] al-Mahdi began to attack the authority of the Byzantines. He assembled a force which he entrusted to one of his generals, his own brother who was named 'Abas,[76] and sent it to Byzantine territory. For in the same year that Abdullah [al-Mansur] had perished, Emperor Constantine also died, and his son, Leo[77] occupied his father's throne. While [al-Mahdi] was planning to begin raiding Byzantine territory with his troops, the emperor quickly sent a large force against Basanastan, which is called Bishan [Commagene]. [This army] was commanded by three generals, two of whom were Armenian lords, Tachat from the Andzewats'i House, and Artawazd

---

75 *Muhammad al-Mahdi* (775-785).
76 *'Abas:* al-'Abas ibn Muhammad.
77 *Constantine* V and his son, *Leo* IV (775-780).

CHAPTER XXXVII

ի տանէ Մամիկոնեանց, եւ միւսն ի զօրացն Յունաց: Որոց խաղացեալ յառաջ զօրօք բազմօք՝ հասանէին ի կողմանս Կիլիկեցւոց եւ Բիշանու, եւ սփռեալ զասպատակս իւրեանց ի վերայ աշխարհին՝ առին զբազում քաղաքս եւ զգաւառս եւ զգիւղս, եւ որք միանգամ ելին ընդդէմ նոցա պատերազմել՝ ջաղխեցին մանր իբրեւ զփոշի. եւ ինքեանք առեալ զբազմութիւն խառնիճաղանճիցն վարեցին յաւարի,զորոց զթիւ գերելոցն ասեն լինել աւելի քան ԺԵ բիւր արանց, զորս առեալ տանէին յաշխարհն Յունաց: Եւ երթեալ յանդիման լինէին կայսերն Յունաց հանդերձ բազում աւարաւ. եւ բազում գովութեամբ ընդունէր կայսրն Լեւոն զզօրսն իւր, եւ մեծամեծ պատիւս ընծայէր զօրագլխաց իւրոց. եւ դադարէին յամին յայնմիկ:

from the Mamikonean House, plus a third who was from the Byzantine army. Advancing with many troops, they reached the areas of Cilicia and Bishan where they raided throughout the land capturing numerous cities, districts and villages. Those resisting them in battle were crushed, ground to dust. As booty they also took into captivity a multitude of common folk. They say that their number exceeded 150,000 men. These [captives] were taken to Byzantine territory. Then they went and presented their booty to the Byzantine emperor. Emperor Leo received his troops with great adulation and gave very magnificent gifts to his generals. Then they rested for [the remainder of] that year.

ԼԸ

Իսկ ի գալ միւսոյ ամին յղէր դեսպանս իշխանն Իսմայելի, իբրեւ խրոխտալով զարհուրեցուցանել կամեցեալ՝ մեծամեծս փքայր. տայր տանել, որպէս լուաք, ընդ պատգամին սերմն մանանխոյ զչափ երկուց դրուաց, եւ դրէր առ թագաւորն Յունաց, եթէ.

«Վաղվաղակի առաքեցից ի վերայ աշխարհիդ քո զբազմութիւն զօրաց իմոց ըստ թուոյ հատոյ մանանխոյդ զոր տեսերդ, թէ բաւեսցէ հող երկրի քո զանչափութիւն զօրաց իմոց ընդունել: Այլ արդ եթէ գուցէ զօրութիւն ի ձեռին քո՝ պատրաստեա՛ց ընդ իս ի պատերազմ»:

Եւ ընթերցեալ կայսերն զգիրն՝ ոչ ինչ ամբոխէր ի խորհուրդս իւր. այլ հաստատուն մտօք գրէր պատասխանի.

«Ոչ է, ասէ, զյաղթութիւն մարդկան ստանալ անձամբ. այլ որոց պարգեւէ Աստուած. քանզի կարող է Աստուած տալ զզօրսդ քո կերակուր զօրաց իմոց ըստ առակի մանանխոյն զոր յղեցեր: Այլ դու զոր ինչ խստացար առնել՝ արասցե՛ս, եւ որ ինչ հաճոյք են կամաց Աստուծոյ՝ կատարեսցին»:

XXXVIII

The next year the Caliph sent emissaries [to Constantinople], puffing greatly and hoping thereby to terrify [the Byzantines]. We learned that along with his message, [the caliph] sent two sacks of mustard seed to the Byzantine emperor and wrote:

> "I shall soon send an enormous number of my troops against your land, as many [soldiers] as the mustard seeds which you see. Will your country be large enough to hold my countless troops? If you have some strength in your hands, get ready to fight me."

The emperor read this document but did not get upset. Instead, he calmly wrote a reply:

> "Man does not secure victory by himself. Rather [the victory] goes to whomever God grants it. God might give your troops to my troops as food, like the mustard seeds you have sent. Do what you have promised to do, but whatever is the will and pleasure of God, that is what will be done."

CHAPTER XXXVIII

Եւ նոյնժամայն ելանէ հրաման ի կայսերէն գաղթել զբնակիչս աշխարհին ի քաղաքս, յամուրս եւ յամուր աշտարակս: Եւ գումարեալ իշխանն Իսմայելի զօրս անթիւ՝ կարգէր ի վերայ նոցա զօավար զնոյն այր զորմէ վերագոյնն ասացաք. եւ առաքէ զնոսա բազմութեամբ ի վերայ երկրին Յունաց: Որոց երթեալ հասանէին ի վերայ երկրին Գաղատացւոց, եւ պաշարէին զքաղաքն լայնանիստ որ անուանեալ կոչի Ամուրիա: Եւ նստեալ զնովաւ բազմութեամբ զօրացն՝ պաշարեալ պահէին զնա իբրեւ ամիսս Գ, այլ ոչ կարէին ստնանել. քանզի պարսպաւ էր ամրացեալ, եւ ոչինչ նուազ զգուշութիւն մատուցանէին շուրջքն: Քանզի շուրջ զքաղաքաւն բղխեն ակունք Սագառիս գետոյ, որով ի ճախճախուտ տղմոյն անկռուելի մնայր հաստայարկ դիրք քաղաքին. եւ ոչ ինչ կարէին վնասել, այլ նստեալ միայն պահէին: Գումարէր զզօրսն իւր ապա եւ Եղիան, որ էր հրամանատար աշխարհիս Հայոց, հասանել ի թիկունս օգնականութեան զօրավարին Աբասայ: Եւ երթեալ ի կողմանս Պոնտոսի՝ հասանէր ի Կողոնիա բերդ քաղաքաց, եւ ի Գովաթա եւ ի Կաստիղոն եւ ի գաւառն Մարիթենէս. ընդ որս մարտ եղեալ կռուէր: Այլ ոչ ինչ օգտեալ ի նոցունց՝ դառնայր մեծաւ ամօթով յաշխարհիս Հայոց: Թողին եւ զօրքն Իսմայելի զքաղաքն Ամուրիա ի պաշարմանէն, եւ գնացին յաշխարհ բնակութեան իւրեանց:

Simultaneously the emperor issued an order to relocate the inhabitants of the countryside to the cities, strongholds, and secure fortresses. And the caliph, having assembled countless troops, entrusted them to the same general whom we mentioned earlier, and sent them against the country of the Byzantines. This multitude [of troops] arrived in the Galatia country and besieged the expansive city called Amorium. Though the city was invested by this host of soldiers and besieged for some three months, nonetheless [the Arabs] were unable to capture it, because it was [well] protected by its walls and the surrounding areas had been carefully attended to. For the sources of the Sagaris River are near the city and form swamps all around it. Thus [the Arabs] were unable to inflict damage, but could only sit and maintain the siege. Yazid [ibn Usaid], the governor of Armenia, had also assembled his forces and came to the aid of General ʿAbbas. He went to the areas of Pontus, to the fortress-cities of Koloneia, Govatʿa, Kastighon and the district of Maritʿeneʾs and fought them. But none [of these battles] bore any fruit, and [Yazid] returned in great humiliation to the land of the Armenians. Furthermore the Ishmaelite army gave up on its siege of the city of Amorium and returned to the land of its residence.

ԼԹ

Կայ եւս մեզ պատմել զառաջի արկեալ խորհուրդս. Քանզի յեօթներորդ ամի Մահմետի վախճանեցաւ կայսրն Լեւոն, որդի Կոստանդնի. եւ թագաւորէ Կոստանդին որդի նորա ընդ նորա, մանուկ մատաղ հասակաւ: Իբրեւ ետես Մահմետ իշխանն Իսմայելի զվախճան արքային Յունաց՝ գումարէ զօր բազում եւ կարգէ ի վերայ նոցա զօրավար զԱհարոն զորդի իւր, եւ առաքէ ի վերայ աշխարհին Յունաց: Եւ իբրեւ հասին զօրքն Իսմայելի յաշխարհն Յունաց՝ նոյնժամայն ելին զօրքն Յունաց ընդդէմ նոցա. եւ նստեալ պահէին զմիմեանս, խից արկեալ ճանապարհաց նոցա: Եւ ոչ կարէին ելանել զօրքն Իսմայելի ի խնդիր կերակրոց. եւ լինէր սով մեծ ի բանակին Իսմայելի:

Իսկ Տաճատ որդի Գրիգորի, որ էր ի տանէ Անձեւացի, զորմէ յառաջագոյն պատմեցաք, զի երբեմն փախստական եղեալ յիշխանէն Իսմայելի առ կայսրն Կոստանդին յաշխարհին Յունաց, եւ նորա ընկալեալ զնա խնդութեամբ՝ մեծաւ շքեղութեամբ մեծարէր վասն քաջութեան անձին նորա. զի յառաջագոյն ի համբաւոյ ծանուցեալ էր զարիութիւն նորա: Որոյ անդէն ցուցեալ արքային զարիութիւն ի կողմանս Սարմատացւոց, որ անուանեալ կոչին Բուլղարք, եւ դառնայր, մեծաւ յաղթութեամբք: Եւ տեսեալ կայսերն զքաջութիւն սրտի նորա՝ կարգէր զնա զօրավար ի վերայ Ձ բիւր արանց, եւ կայր ի հնազանդութեան արքային Յունաց ամս ԻԲ: Իսկ յետ վախճանին Կոստանդնի եւ

XXXIX

It remains for us to describe the events which followed. In the seventh year of Muhammad [al-Mahdi's reign], Emperor Leo, Constantine's son, died and his son Constantine [VI] succeeded him, an extremely young boy. When Caliph al-Mahdi learned about the death of the Byzantine emperor, he assembled many troops, appointed his son Harun as general, and sent [the army] against the land of Byzantium. Just as the Ishmaelite army reached Byzantine territory, the Byzantine army came against them. [The Byzantines] had already blocked the roads, so [the two armies] sat there, facing each other. The Ishmaelite troops were unable to arise to get food, and thus there was severe famine among the Ishmaelite forces.

Now Tachat, son of Grigor from the Andzewats'ik' House, whom we mentioned earlier, had previously come as a fugitive to the Emperor Constantine [V] from the caliph. [The emperor] received him with great ceremony and delight, and honored him because of his personal bravery, since he had earlier learned about his courageousness. [Tachat'] had demonstrated his bravery to the emperor previously in the territories of the Sarmatians who are called Bulghars, whence he returned with great victory. When the emperor observed his brave heart, he appointed him general over 60,000 men; and he remained obedient to the emperor of Byzantium for 22 years. But after the death of Constantine and

Լեւոնի որդւոյ նորա եւ յունելն զթագաւորութիւնն Կոս-
տանդնի՝ հեռութեամբ վարէր առ նա թագուհին որ էր
մայր Կոստանդնի կայսեր: Եւ վասն այնր պատճառի
ձեռնամուխ եղեւ առ իշխանն Իսմայելի: Քանզի իբրեւ
եմուտ զօրն Իսմայելի ընդ պաշարմամբ Յունաց՝ յայն-
ժամ խնդրէր ի նոցանէ գիր երդման՝ դառնալ անդրէն
յերկիր իւր. եւ խոստանայր հանել զնոսա ի պաշարմա-
նէն իւրեանց եւ տանել յերկիր բնակութեան իւրեանց:
Եւ լուեալ իշխանին Իսմայելի՝ արագապէս կատարէր
զխնդիրն. եւ տայր նմա երդմամբ չա՛փ զի՛նչ եւ խնդրեա-
ցէ ի նմանէն: Եւ վստահացեալ յայն գիր երդմանն՝ ելա-
նէր յերկրէն Յունաց ամենայն տամբ իւրով եւ հանէր
զզօրսն Իսմայելի ի պաշարմանէ անտի: Եւ Ահարոն որ-
դի իշխանին Իսմայելի հայր իւր անուանեաց զնա, եւ մե-
ծամեծ պատուօք ընծայէր նա: Եւ իբրեւ յանդիման լինէր
իշխանին Իսմայելի Տաճատն՝ բազում շնորհակալութիւն
առնէր նմա եւ լնոյր զնա բազում ստացուածովք ի գան-
ձուց արքունի. եւ տայր նմա պատիւ իշխանութեան ի վե-
րայ երկրիս Հայոց, եւ առաքէ զնա յաշխարհ իւր մեծաւ
շքեղութեամբ: Իսկ իբրեւ հասանէր իշխանն Տաճատ յաշ-
խարհս Հայոց հրամանաւ իշխանին Իսմայելի առ Օթ-
մանն, որ էր հրամանատար եւ ազգապետ ի վերայ երկ-
րիս՝ անընկալ եղեալ ոչ կատարէր զհրաման իշխանին

his son Leo, and the accession of Constantine,[78] Emperor Constantine's mother the queen treated [Tachat] with great rancor. For that reason [Tachat] turned to the caliph. When the Ishmaelite troops were being besieged by the Byzantines, [Tachat] requested a written oath from them so that he could return to his country. He promised to lift the blockade on them and convey them to the country of their residence. When the caliph heard about this, he swiftly acceded to the request, promising [Tachat] whatsoever he wanted. When this had been confirmed in writing, [Tachat] arose and quit the country of the Byzantines with his entire House and extricated the Ishmaelite troops from the siege. Harun, the caliph's son, styled [Tachat] his father and gave him very splendid gifts. And when Tachat came before the caliph, the latter personally thanked him and gave him many valuable items from the royal treasury. He also gave him the dignity of the principate over the country of the Armenians [presiding prince of Armenia] and sent him back to his land with great grandeur. But when Prince Tachat had returned to the land of the Armenians by order of the caliph and had come to 'Uthman[79] who was then governor and chief of the country, ['Uthman] did not implement his prince's order.

---

78 Constantine VI, 776-780.
79 *'Uthman:* ibn 'Umara ibn Kuzaim, *ostikan* 781-785.

իւրոյ. այլ յապաղէր եւ յղէր դեսպանս առ իշխանն իւրեանց, եթէ ոչ է կամք միաբանութեան նախարարաց Հայոց, եթէ զայր մի ապստամբեալ յիշխանութենէդ քումմէ եւ ձեռն տուեալ առ արքայն Յունաց՝ կացուցանել իշխան ի վերայ այնոցիկ, որ նուաճեալ են ընդ իշխանութեամբ քով. գուցէ եւ դաւաճան զօրաց մերոց լինիցի:

Եւ թէպէտ բազում անգամ կամեցեալ Տաճատն զեկուցանել զբեկումն իշխանութեան իւրոյ յականջս իշխանին Իսմայելի՝ այլ ոչ կարաց. զի ամենայն ուրեք զմուտս ճանապարհին պահէին, եւ ըմբռնէին զդեսպանս յղեալս եւ դնէին ի բանտի: Եւ ոչ եհաս տրտունջ նորա առ Մահմետ իշխանն եւ առ Ահարոն որդի նորա, մինչեւ ի կատարումն ամին այնորիկ: Եւ յետ այնորիկ հասեալ բողոք տրտնջմանն առ Մահմետ իշխանն եւ առ Ահարոն որդի նորա՝ խռովութիւն մեծ հասուցանէր առ Օթմանն, հրամանատար երկրիս. եւ իբրեւ յականմայ կամաց տայր զիշխանութիւնն Տաճատայ հրամանաւ իշխանին Իսմայելի:

Եւ ապա յետ այնորիկ գումարէր Օթմանն զզօրս նախարարացն Հայոց յերկրին Աղուանից ի դրունս Կասպից ի Դարբանդն կոչեցեալ քաղաք, որ է պարիսպ եւ պատուար ամրութեան շինեալ ընդդէմ զօրացն Հոնաց եւ Խազրաց: Կոչէ զՏաճատ իշխանն եւ զսպարապետն Բագարատ եւ զՆերսէհ Կամսարական եւ զայլսն ի նախարարացն Հայոց յաւուրս տապախառն ծագման Հեփեստեայ հրազգաթան. եւ հարկանէ զբանակ իւր ի դաշտին որ կոչէր

Instead he delayed and sent emissaries to their caliph claiming that it was not the will of the united lords of the Armenians that someone who had rebelled from [Arab] authority and aided the Byzantine emperor should be set up as prince over them, people who had submitted to our rule, for he might be a traitor in our forces.

Now despite the fact that Tachat, on numerous occasions, wanted to inform the caliph about the rupture of his authority, he was unable [to reach him]. This was because ['Uthman's allies] held all the routes leading out [of the country], they seized [Tachat's] emissaries and imprisoned them. Thus his complaints did not reach the ears of [Caliph] Muhammad [al-Mahdi] and his son Harun until the end of that year. Thereafter, when all of [Tachat's] protests finally reached the ears of Caliph Muhammad [al-Mahdi] and his son Harun a great disquiet was visited upon 'Uthman, the governor of our country. Unwillingly, at the caliph's command, he [finally] gave the principate to Tachat.

Then 'Uthman assembled the troops of the lords of Armenia and went to the country of the Aghuanians to the city called Darband by the Caspian Gates, [a city] well-fortified with a wall which was built to resist the troops of the Huns and the Khazars. ['Uthman] also summoned Prince Tachat, as well as the *sparapet* [commander-in-chief] Bagarat and Nerse'h Kamsarakan and other Armenian lords during the very hot days [of summer] when Hephestus was at its peak, in the most disagreeable sweltering heat. He encamped on the plain called

Քերան, ի դժնդակ եւ յանհանդուրժելի ջերմութեան տապոյ խորշակին: Եւ զբովանդակ աւուրս ամարայնոյ անցուցանէր ի հնոցաձեւ ապառաժին դաշտի: Որում ոչ կարացեալ հանդուրժել նախարարացն Հայոց՝ վախճանէին ի տապախառն օդոյն, որ վտանգեալ բառնայր ի կենաց աշխարհիս. եւ վախճանի իշխանն Տաճատ եւ սպարապետն Բագարատ եւ Ներսէհն Կամսարական եւ այլք ի զօրացն: Եւ յոյժ ցասուցեալ իշխանն Իսմայելի Մահմետ ընդ աւաղական մահ իշխանին Տաճատայ եւ նախարարացն որ ընդ նմա՝ խափանէ զիշխանութիւն նորա. եւ առաքէ փոխանակ նորա զՌոհ ոմն իշխան եւ հրամանատար ի վերայ աշխարհիս Հայոց:

Եւ կալեալ զիշխանութիւնն Մահմետ ամս Ը, եւ ընդ գալն Ռոհայ վախճանեցաւ:

K'eran. They passed the entire summer on that furnace-like rocky plain. Some of the Armenian lords were unable to bear the extremely hot weather and died, [among them] Tachat and the *sparapet* Bagarat and Nerse'h Kamsarakan and other troops. Caliph Muhammad [al-Mahdi] was enraged when he learned about the lamentable deaths of prince Tachat and the lords with him. He terminated ['Uthman's] rule and sent as a replacement a certain prince named Rauh[80] as governor of the land of the Armenians.

Muhammad [al-Mahdi] reigned for 8 years and then died, as Rauh arrived [in Armenia].

---

80 *Rauh:* ibn Hatim, *ostikan* 785-786/87.

ԽՍ

Ապա յետ նորա Մուսէ փոխանորդէ զիշխանութիւն հօր իւրոյ ամ Ա: Եւ էր այր ժանտ եւ ապարասան եւ այսակիր. որ յանչափ շարժող այսոյն որ ի նմա՝ ի զբօսանել իւրում ի խաղս անարժան բարուցն՝ զմարդիկ կանգնէր փոխանակ մղակի՝ նետաձիգս առնել ի նոսա ի վարժումն անձին իւրոյ, զոր առժամայն հարեալ սատակէր ի կենաց: Եւ իբրեւ հաստատեաց զիշխանութիւնն իւր՝ առաքէ ի վերայ երկրիս Հայոց փոխանակ Ռոհայ զԽազմ ոմն, որ արդարեւ ըստ անուանն իւրոյ խազմարար եւ դժոխաձեւ: Որ իբրեւ եհաս ի քաղաքն Դուին՝ ընդ առաջ եղեն նմա ամենայն նախարարաք Հայոց. ընդ առաջ լինէին նմա եւ իշխանք տանն Արծրունեաց Համազասպ եւ Սահակ եւ Մեհրուժան:

Իսկ բարեատեաց թշնամին տեսեալ զգեղաղէշ վայելչութիւն փառաց նոցա եւ զբարեզարգութիւն ազատախումբ գնդին որ ընդ նոսա՝ վաղվաղակի ըմբռնեալ զնոսա տայր ի պահեստ բանտի զանձինս զօրավարաց նախամարտկաց եւ քաջաց, եւ պահէր զնոսա ի կապանս կալանաւոր բանտի ժամանակս գ ամսոց: Եւ առաքէ ամբաստանութիւն զնոցանէ առ Մուսէ իշխանն Իսմայելի, եւ առնոյր ի նմանէ հրաման բառնալ զնոսա ի կենաց. եւ տայ տանել զհրաման մահուն եւ զանիրաւ վճիռն ցասման ի բանտն, յորում պաշարեալ պահէին զերանելի նահատակսն:

XL

After [al-Mahdi], his son Musa[81] ruled for one year. He was a wanton, impudent and possessed person, so manipulated by the demon inside him that when he was disporting himself in accordance with his unworthy behavior, he designated men as targets instead of objects and shot arrows at them, and killed them. When he was confirmed in his authority [as caliph] he sent a certain Khouzaima[82] to the country of Armenia in place of Rauh. Truly, as befitted his name he was contentious and fiendish. When he arrived at the city of Dwin, all the Armenian lords came out to meet him, including the Artsrunid princes Hamazasp, Sahak, and Mehruzhan.

Now when that malicious enemy [Khouzaima] saw their magnificent and glorious aspect, and the excellent readiness of their troops, he immediately had them seized, bound, and put in prison for three months—these proto-martyrs and heroes. Then he sent accusations about them to Caliph Musa [al-Hadi] and received back an order to kill them. This wrathful verdict and unjust death sentence was sent to the prison where the venerable martyrs were being held.

---

81 *Musa:* al-Hadi, caliph 785-786.
82 *Khouzaima*: ibn Khazim at-Tamimi, *ostikan* 787.

Եւ իբրեւ ընթերցաւ վճիռ մահուն ի վերայ նոցա՝ հարցանէին կապեալքն զոմն ի նոցանէն որում անունն էր Քուբեղա, որ սիրելագոյն էր առ նոսա եւ բարեկամ. ասեն պատմեա՛ եթէ զի՞նչ հնար գոյ մեզ զերծանել յանիրաւ մահուանէս յորս ըմբռնեալս եղաք: Ասէ ցնոսա. «ո՛չ իւիք գոյ հնար ապրել ձեզ ի ձեռաց նորա՝ բայց եթէ յանձին կալջիք դառնալ ի հաւատս մեր եւ հաւանել ձայնի մարգարէին մերոյ, եւ ապա զերծջիք ի դաւող մահուանէն»: Եւ զայս հրաման լուեալ Մեհրուժանայ՝ զարհուրեցաւ յառօրեայ մահուանէս, եւ մատնէր զանձն ի կորուստ յաւիտենական գեհեննին, եւ խորտակէր զքաղցր լուծ հաւատոյն որ ի Քրիստոս, եւ որոշիւր ի հօտէն տեառն եւ զգենոյր զկերպարան գայլոյ, եւ պարտաւոր առնէր զինքն տիեզերական ատենին: Այլ քանզի ոչ ի կամաց այլ յերկիւղէ մահուն, որ ի վերայ էր հասանելոց, արար զայս՝ թերեւս գթասցի Քրիստոս ի զղջումն սրտի նորա:

Իսկ քաջ նահատակքն զգեցեալ զզրահն հաւատոյ եւ սաղավարտովն փրկութեան ամրացուցեալ զգլուխս իւրեանց՝ ասէին ցնա. «Քա՛ւ լիցի թէ փոխանակեսցուք զճշմարտութիւնն Աստուծոյ ընդ ստութեան, կամ զկեանսն յաւիտենական ընդ առօրէիս, կամ զփառսն մշտնջենաւոր ընդ անցաւորիս, կամ զյոյսն բոլորեցուն զՔրիստոս ընդ դուզնաքեայ արեանս մերոյ»: Եւ այսպէս զժամանակս արգելանին իւրեանց մարզէին զմիմեանս ասելով. «բաւականապէս վայելեցաք ի փառս անցաւորիս, ո՞վ եղբարք. այլ արդ այսուհետեւ ո՛չ պատրեսցեն զմեզ ո՛չ մեծութիւնք, ո՛չ

As their death sentence was being read out, the captives asked a man named K'ubeida, who was sympathetic to them and a friend, if there was any way to elude the unjust sentence meted out to them. And he told them: "The only way to escape from their clutches and live is to agree to convert to our faith and to accept the word of our Prophet. That is your only deliverance from the death you have been condemned to." When Meruzhan heard this pronouncement he was terrified about his temporal death and condemned his person to loss in eternal Gehenna. He destroyed the mild yoke of faith in Christ and separated from the flock of the Lord, dressing himself in the clothing of wolves, making himself liable to eternal judgment. But since this was done out of fear of imminent death and not willingly, perhaps Christ will have mercy on his repentant soul.

Then the courageous martyrs donned the armor of faith and put on their heads the fortifying helmets of salvation and replied [to K'ubeida]: "God forbid that we should exchange the truth of God for falsehood, eternal life for daily life, eternal glory for transitory glory, Christ the hope of all, for our insignificant blood." Thus did they vie with each other while in prison, saying: "Oh brothers, we have enjoyed enough this fleeting glory. Hereafter let us not live for greatness,

CHAPTER XL

փառք անցաւորք, ո՛չ ոսկեհուռն պատմուճանք շքեղութեան մերոյ, ո՛չ սէր մերձաւորաց, ո՛չ գութ մանկանց եւ ո՛չ այլ ինչ ի մերձակայ բարեաց, որոց բազումք ցանկացեալ՝ զանգիտ կորուստն ժառանգեցին»: Եւ այսպէս զմիմեանս քաջալերեալ ի ժամանակս բանտամուտ վշտացն՝ աղօթիւք ընդ Աստուծոյ միաւորեալ հայցէին զհանդերձեալ յուսոյն ակնկալութիւն ժառանգել:

Իսկ իբրեւ եհաս ժամ ասպարիզին, կատարել զնթացս նահատակութեան յաւուրս սուրբ եւ փառաւորեալ յայտնութեանն, Քրիստոսի, զոր ութօրեայ տօնախմբութեամբ երգաբանեն ի Քրիստոս հաւատացելոցն դասք՝ յայնժամ հրամայէ գործունեայն անիրաւութեան կոչել զնոսա առաջի իւրոյ ատենին: Եւ յառաջ ծանուցեալ զարիութիւն սրտից նոցա եւ զջերմութիւն հաւատոցն որ ի Քրիստոս՝ ոչ երկրորդէր առ նոսա զնոյն բանս. այլ մուծանէր նախ զերանելին զԻսահակ ի տեղի ասպարիզին: Եւ էր տանջանարանն զոր պատրաստեցին՝ նորագոյն. քանզի փայտս երկճղիս ցցեալ ի հաստատութեան երկրի՝ անխախուտս հաստատեալ յաջմէ եւ յահեկէ, եւ կացուցեալ զնահատակն ի մէջ այնորիկ հարկանէին զերկճղիս փայտիցն ի ներքոյ անթիցն. եւ պրկեալ զձեռս նորա ի փայտին՝ կապէին պնդագոյնս, եւ հարեալ ջլոտիւք զթիկունս նորա՝ սաստկագոյնս տանջէին մինչեւ քանցել առհասարակ մարմնոյ նորա: Եւ զերանելին Համազասպ պահէին կապանօք արտաքոյ: Եւ նա աղօթէր առ տէր ի սրտի իւրում, եւ շրթունք իւր ոչ շարժէին եւ բարբառ իւր ոչ լինէր լսելի. այլ միայն ի սրտէ իւրմէ գոչէր հառաչանօք, կոչէր զտէր յօգնականութիւն վտանգին յորում հասեալ կային:

transitory glory, gleaming golden robes, not for love of kinfolk, the tenderness of [our] children, or any of the good things of this world [things which] many have aspired to yet instead inherited hopelessness." Thus did they encourage each other during their grief in prison. In prayer they united with God and anticipated inheriting eternal life.

Finally the day of decision arrived when the course of their martyrdom would be completed. It was the blessed, glorious day of the Epiphany of Christ, which is celebrated for eight consecutive days by the Christian faithful. [Khouzaima], that instrument of injustice, summoned them before him at a tribunal. Since he was previously cognizant of their firm adherence to the Christian faith and their enthusiasm for it, he did not repeat the same arguments to them. Rather, he had the venerable Sahak brought into the arena first. The instrument of torture which they used was of the latest design: two forked blocks of wood firmly anchored to the ground on the right and left. The martyr was attached [to this device] with his armpits on the forked ends and his hands tightly tied to the wood. Then [Sahak] was beaten on the back with a cudgel so severely that his body separated [into pieces]. Meanwhile the venerable Hamazasp was being held outside, in chains. He prayed to the Lord in his heart without moving his lips or making any audible sound. It was only in his heart that he lamented and sighed and called on the Lord for aid in the tribulation he was about to face.

Եւ իբրեւ այնպէս սաստկագոյն տանջեալ՝ լուծին զնա ի դառն կապանացն, եւ ածին զերանելին Համազասպ ի նոյն տեղի տանջանաց: Եւ ըստ նմին օրինակի կապեալ ի մէջ երկուց փայտիցն՝ տանջէին զթիկունս նորա եւս դառնագոյնս: Եւ իբրեւ նա եւս արիաբար համբերեաց տանջանացն՝ յետ այնորիկ տայր հրաման սպանանել զնոսա սրով. եւ դահճացն լուեալ զհրաման դատաւորին՝ վաղվաղակի վերացուցեալ զսուրն ի վերայ նոցա՝ բառնային զգլուխս նոցա: Եւ այնպէս աւանդեալ զհոգիսն՝ փոխեցան յաշխարհէս: Եւ ի վաղիւ անդր ետ հրաման կախել զմարմինս նոցա զփայտէ. եւ կարգէր ի վերայ զինուորս, զի մի՛ ոք ի քրիստոնէից գողասցի եւ թաղեսցէ զմարմինս նոցա: Եւ զի անզեղջ էր սրտիւ դատաւորն անօրէն՝ եւ ոչ յետ մահուանն անկուշեալ քաղցրանայր դառնութիւն սրտին. այլ իջուցեալ ի փայտէն՝ հրով ծախէր զմարմինս եւ զոսկերս երանեալ զօրավարացն: Եւ զփոշին եւս ոչ անխայեաց տալ գերեզմանի, այլ ի ջուրս գետոյն մատնէր. զի ի ժամանակի թեթեւ նեղութեանցն յաճախութեամբ զմեծութիւն փառացն գործեսցէ ի նոսա ըստ առաքելական բանին, եւ ի փոխարէն հատուցմունսն հարիւրաւորս հատուսցէ նոցա պարգեւատուին առատութիւնք ըստ խոստմանն տեառն, եթէ «ամենայն ոք որ եթող զհայր կամ զմայր կամ զկինս կամ զորդիս կամ զագարակս վասն անուան իմոյ՝ հարիւրապատիկ առցէ յաշխարհիս յայսմիկ, եւ զկեանսն յաւիտենականս ժառանգեսցէ»:

Having severely tortured [Sahak], they released him from the painful bonds and led the venerable Hamazasp to the same place of torture. In the same fashion they tied him between the two wooden struts and also beat him with even greater ferocity. [Hamazasp] also courageously withstood the torments. So [Khouzaima] issued the order to kill them with a sword. When the executioners heard the judge's order, they immediately raised their swords and chopped off their heads. Thus did [Sahak and Hamazasp] surrender their souls and depart this life. On the following day [Khouzaima] ordered that their bodies be hanged on wood. And he appointed soldiers to guard [their corpses] so that no Christian would steal and bury the bodies. So full of bitterness was the heart of that unjust judge that even after their deaths [his heart] was not softened. Rather, he had the bodies removed from the wood and the bones of these venerable generals burned to ash in the fire. Even these ashes were not spared for burial but were tossed into the waters of a river. According to the words of the Apostle [Luke] in return for the afflictions they experienced they will be richly rewarded a hundredfold with glory, as the Lord said: "Anyone who has left father, mother, wife, children or fields for my name will receive a hundredfold more in this world and eternal life in the world to come."[83]

---

83 *cf.* Luke 18:29-30.

CHAPTER XL

Գործեցաւ այս յիշխանութեանն Մուշէի, յազգապետութեանն Խազմայ, յաւուրս սրբոյ յայտնութեանն տեառն, յորում էր թուականս Հայոց ՄԼԳ։

Եւ Մուշէի կալեալ զիշխանութիւնն ամ Ա՝ վախճանէր։ Ի սորա աւուրս սպան եւ զիշխանն Վրաց չարաչար մահուամբ. զի վերամբարձ առեալ զոտիցն եւ զձեռացն՝ ընդ մէջ կտրէր զմատաղութիւն հասակի նորա։ Եւ այսպէս իբրեւ զգառն համարեալ ի սպանդ՝ հրաժարէր ի կենացս այսոցիկ։ Եւ կատարեալ զայս ամենայն չարիս՝ յետ ամի միոջ սատակէր։

This [martyrdom] occurred during the reign of [Caliph] Musa [al-Hadi], in the governorship of Khouzaima, on the day of the blessed Epiphany of the Lord, in the year 233 of the Armenian Era.[84]

Musa held the caliphate for one year and then died. During his day the prince of the Iberians [Georgians][85] also was cruelly slain, raised up by his hands and feet and cut in two at a tender age. Thus after his death, he was regarded as a sacrificial lamb. After working all this evil, [al-Hadi] perished a year later.

---

84 This is the first reference to the Armenian Era (a system of dating with A.D. 551/552 as year one), which later Armenian historians were to adopt. However, the date Ghewond provides for the martyrdom in question (corresponding to A.D. 784) is incorrect; it should be January 6, 786.
85 Stephen III, the Guaramid, 779/780-786.

ԽԱ

Յետ սորա կացեալ Ահարոն որդի Մահմետի եղբայր Մուսէի ազահ եւ արծաթասէր: Եւ սա յաւուրս իշխանութեանն ունէր հակառակորդ զեղբայր իւր Ովբեդլա. եւ վասն հակառակութեանն որ ընդ միմեանս՝ բաժանէր եւ տայր երբոր իւրում զԱտրպատական եւ զՀայս հանդերձ Վրօք եւ Աղուանիւք: Եւ կարգէր ի վերայ երկրիս ըստ հակամէտ բարուց իւրոց հրամանատարս ապարասան եւ ժանտաբարոյ անաստուածութեամբ, որք զերկիւղ Աստուծոյ անգամ եւ ընդ միտ ոչ ածէին. նախ՝ զԵզիտ ոմն որդի Մզդէի. եւ յետ նորա զԱբդալ-քբիր սակաւ ինչ յամեալ՝ ոչ բարի ինչ գործեաց եւ ոչ չար, այլ զկարծիս լաւ իմն ցուցանէր: Եւ յետ նորա Սուլէյման ոմն քան զամենեսին ժանտ եւ չարագործող: Յետ սորա եւ ինքն իսկ Ովբեդլա եկն ի քաղաքն Պարտաւ, եւ հաստատէր զՍուլէյման իշխան աշխարհիս, եւ տայր ի ձեռս նորա զժողովուրդս տեառն իբրեւ զոչխարս ի մէջ ապականիչ գայլոց:

Իսկ նորա զանբառնալի լծոյ ծանրութիւնն եդեալ ի վերայ մարդկան, զոր ոչ կարէին բառնալ. զի որ ինչ գտանէր ի ձեռին ուրուք հայթայթանք՝ ընդ անձին իւրոյ ոչ լինէր բաւական գնոց: Այս Սուլէյման յղէր զոմն անօրէն եւ վատթարազգի, որդի աղախնոյ միոյ, որ էր Հոռոմ յազգէ փեսայ Սուլէյմանայ, որում անունն էր Իբնդոկէ. որ եկեալ ի քաղաքն Դուին՝ սաստիկ դժնդակութեամբ խոշտանգէր զբնակիչս աշխարհիս հարկապահանջութեամբ:

XLI

Subsequently Harun[86] became caliph. He was the son of Muhammad [al-Mahdi] and the brother of Musa [al-Hadi], and was a greedy, money-loving man. During his reign his own brother 'Ubaidullah opposed him. Because of the antagonism between the two, [Harun al-Rashid] divided [the territorial authority], giving to his brother Atrpatakan and Armenia together with Iberia [Georgia] and Aghuania. In accordance with his evil nature he designated for governors over our country godless men of unrestrained and avaricious behavior who had never even considered what the fear of God meant. The first of these was a certain Yazid, the son of Mazyad.[87] After him was Abd al-Kebir,[88] who reigned briefly and did neither good nor bad and so seemed good. Following him was a certain Sulaiman[89] who was a greedy malefactor and the worst of them all. That same 'Ubaidullah came to the city of Partaw [Barda'a] and confirmed Sulaiman as prince over the land, entrusting to him the Lord's people, who were like sheep surrounded by evil wolves.

[Sulaiman] so increased the yoke [of taxation] on people that they could not endure it. For even if they gave all that they possessed, it was not enough to save themselves. This same Sulaiman sent to the city of Dwin his son-in-law, a certain Ibn Ducas, an impious and malevolent man, son of one of his maid-servants, who was of Greek nationality. He imposed unendurably heavy taxes on the residents of our land.

---

86 *Harun:* al-Rashid, 786-809.
87 *Mayzad:* Yazid ibn Mayzad al-Shaybani, 787-788, 799-801.
88 *Abd al-Kebir:* ibn Abd al-Hamid al-'Adawi, four months.
89 *Sulaiman:* ibn al-'Amri, 788-790.

CHAPTER XLI

Առ որ ժողովեալ ամենայն նախարարք եւ ռամիկք հանդերձ եկեղեցականօք եւ կաթողիկոսիւն որոյ անուն էր Եսայիաս՝ աղաչէին թեթեւացուցանել զանուր ծանրութեան սակին զոր պահանջէր, եւ ոչ ինչ օգտէին. զի բարկութեան տեառն էր տուեալ ի ձեռս անողորմ զազգ քրիստոնէից: Որոյ անդէն յղեալ ընդ կողմանս կողմանս աշխարհիս պահանջողս, եւ տուեալ հրաման՝ կրկին քան զոր ըստ ամին պահանջէին՝ ի միում վայրկենի հաւաքել. եւ կատարէր հրամանն: Իսկ իբրեւ այն ի գլուխ ելանէր՝ վաղվաղակի այլ վտանգ չարեաց խորամանկէր որդին սատանայի, եւ տայր կնիք կապարեայ դնել յամենեցուն պարանոցսն. եւ առ մի կնիք պահանջէր բազում զուգայս, մինչեւ հասանել մարդկան ի յետին անանկութիւն յանհամբեր նեղութեանցն առ ի չարաշուք դահճէն:

All the lords, common folk, bishops and the Catholicos Esayi[90] came and pleaded with [Ibn Ducas] to reduce the onerous level of taxation, but it was of no avail. For the wrath of the Lord had delivered the Christians into merciless hands. [Ibn Ducas instead] sent tax collectors to the different parts of the land with the order to double the yearly collection and to take it immediately, and they implemented the command. Once this was accomplished, this son of satan devised another wicked scheme. He had lead seals put around the necks of everyone, demanding many *zuzas* for each [seal]. Thus did this wicked executioner reduce everyone to the worst extremes of bankruptcy through his intolerant measures.

---

90   *Catholicos Esayi* I Eghiapatrushets'i, 775-788.

ԽԲ

Իսկ ապա ի գալ միւսոյ ամին՝ ի գալն Ովբեդլայի զնոյն վտանգ տարակուսանաց եւս առաւել զօրացուցանէր. զի յայնմհետէ ո՛չ ոք էր տէր ընչից իւրոց. այլ առհասարակ վարէին յաւարի: Եւ բազումք ինքնակամութեամբ թողուին զհօտս եւ զանդեայս, եւ գնային փախստական վասն ոչ բերելոյ զծանրութիւն աղետիցն. եւ թշնամեացն վարեալ գերեվարութեամբ զանասունս եւ զստացուածս վարէին յաւարի:

Իսկ ապա իբրեւ այնպէս թափուրք ի ստացուածոց մնային, մերկք եւ բոկք եւ սովամահք, եւ ոչ գտանէին ապրուստ անձանց՝ դէմ եդեալ տարադէմ գնացին փախստեայ յաշխարհն Յունաց. զորոց ասեն լինել զթիւ մարդկանն աւելի քան ԺԲՌ արանց հանդերձ կանամբք եւ մանկտեաւ. որոց առաջնորդք Շապուհ ի տոհմէ Ամատունեաց եւ Համամ որդի նորա եւ այլք ի նախարարաց Հայոց եւ նոցին հեծելոց: Եւ անօրէն չարաշուք թշնամեոյն հետամուտ եղեալ զօրու իւրով զկնի փախստէիցն՝ հասանէր ի սահմանս Վրաց ի գաւառն Կող: Ընդ որում մարտ եդեալ՝ փախստական առնէին եւ զոմանս սատակէին. եւ ինքեանք անցանէին ընդ գետն Ակամսիս, որ ի կողմանս Տայոց բղխեալ՝ երթայ զհիւսիսոյ արեւմտից, անցանելով ընդ Եգեր՝ մտանէ ի Պոնտոս: Եւ իբրեւ անցին ընդ գետն՝ վաղվաղակի ազգ եղեւ արքային Յունաց Կոստանդնի: Եւ կոչեցեալ զնոսա առ ինքն՝ տայր պատիւ նախարարացն եւ նոցին հեծելոցն. եւ գայլ խառնիճաղանճն բնակեցուցանէր ի բարւոք եւ յարգաւանդ երկրի: Իսկ կէսք ժողովրդեանն որք մնացին՝ առ սաստիկ կարօտութեանն անձնատուրք եղեն ի ծառայութիւն ստրկի, փայտակոտորք եւ ջրաբերք ըստ նմանութեան Գաբաւոնացւոց:

XLII

The year after the arrival of 'Ubaidullah, the same disasters escalated further. For from then on, no one was master of his own belongings. Instead, everything was taken as booty. Many people, unable to bear the severity of the disasters, voluntarily left their flocks and herds and fled, while the enemy captured their livestock and property and took them as spoil.

Thus deprived of their belongings, naked, barefoot, starving, and unable to make a living, [people] fled to Byzantine territory. They say that their number exceeded 12,000 including women and children. Their leaders were Shapuh from the Amatunik' House and his son Hamam and others of the Armenian lords and their cavalry. The impious and brutal enemy pursued them with their troops, catching up in the district of Kogh at the Iberian [Georgian] border. In the ensuing battle some [of the Arabs] were put to flight while others were slain. Then [the Armenian] fugitives crossed the Akamsis [Chorokh] River. The sources [of this river] are in the Tayk' area and it flows in a northwesterly direction crossing through Egeria and into the Pontic [Black] Sea. As soon as they had forded the river, they quickly notified the Byzantine emperor Constantine [VI]. He called them to him and gave honors to the lords and their cavalry. He settled the common folk on good fertile land. As for the half of the people who remained [in Armenia] they endured extreme poverty like slaves, serving as woodcutters or water-carriers like the Gibeonites.

CHAPTER XLII

Դարձեալ միւս եւս խորհուրդ չարութեան խորհէր դըժոխաձեւ եւ չարաշուք այրն ամբարիշտ, որ ի ձեռանէ Սուլէյմանայ էր հրամանատար ի Դուին քաղաքի: Զի ի ժամանակին յայնմիկ փոխեցաւ երանելին առ Քրիստոս՝ սուրբ եւ ուղիղ հաւատով կաթողիկոսն Հայոց Եսայիաս. եւ խորհեցաւ համար եւ քնին առնել ամենայն ստացուածոց եւ սպասուց եկեղեցւոյն: Եւ կոչէր առ ինքն զամենայն կըղերիկոսս սպասաւորացն, եւ ուժգին սպառնալեօք զարհուրեցուցանէր զնոսա. «տեսէ՛ք, ասէ, մի՛ ինչ ծածկիցէք յինէն. այլ զամենայնն ի յա՛յտ բերջիք: Ապա թէ ոք թագուսցէ ինչ, եւ յետոյ ի յայտ դայցէ՝ ինքն անձին իւրում պարտաւոր եղիցի»: Իսկ նոցա երկուցեալ ի սպառնալեաց պատուհասին՝ ետուն ի ձեռս նորա զամենայն ինչ. եւ զամենայն ինչ զոր գտանէին ի գանձս ծածկութին ցուցին նմա, եւ ոչ ինչ մնաց ի ծածկութեան, զոր ոչ եդին առաջի նորա, զսպասս ցանկալիս ոսկւոյ եւ արծաթոյ եւ որ ի քարանց պատուականաց, եւ զհանդերձս թագաւորացն զոր ի պատիւ սրբոյ եւ փառաւորեալ աստուածընկալ սեղանոյն եւ խորանին տեառն նուիրեալ էին: Եւ իբրեւ ետես զայն ամենայն՝ խորհեցաւ միանգամայն վարել յաւարի. եւ դարձեալ շրջեալ յայնց մտաց՝ առնոյր որ ինչ ցանկալի թուէր անձին իւրում ի գանձուցն եւ ի հանդերձիցն պատուականաց եւ զայլ ինչ ի սպասուցն. եւ որ ինչ միանգամ յաւանդս եկեղեցւոյն՝ տայր ցաւանդապահս նորին, մինչեւ յաջորդել յաթոռ հայրապետութեան զՍտեփանոս, որ բազում կաշառօք յաջորդեալ ի հայրապետութեանն յաթոռ վատնեաց զամենայն ինչս եւ զստացուածս, մինչեւ եղեւ թողութիւն գիւղից եւ ծառայից եւ պարտուց:

Furthermore [Ibn Ducas] that fiendish, impious man whom 'Ubaidullah had appointed as governor of the city of Dwin, hatched another diabolical scheme. For at that time the venerable Catholicos of the Armenians, Esayi, had passed to Christ with blessed and orthodox faith [A.D. 788], and [Ibn Ducas] decided to examine all the Church's property and possessions. So he summoned all the clerics and terrified them with violent threats, saying: "Do not conceal anything from me. Bring it all out into the open. Should anyone hide something that later is discovered, he will pay for it with his life." Horrified by these threats, [the clerics] turned over everything to him. Everything kept hidden in the treasuries they revealed and placed before him without exception: precious gold and silver vessels, some with precious gems, and royal garments for the blessed altar and for conducting the divine service. As soon as [Ibn Ducas] saw this, he decided to confiscate all of it, but then changed his mind and took [only] whatever appealed to him from the treasuries and splendid vestments and vessels. The rest he gave to the sacrist of the church [to hold] until Step'anos[91] acceded to the throne of the patriarchate. [Step'anos] sat on the patriarchal throne only after paying many bribes, selling off all belongings and properties until [the Church's] villages and servants were freed and its debts [were paid].

---

91 *Step'anos* I Dvnets'i, 788-790.

ՅԻՇԱՏԱԿԱՐԱՆ

Կատարեցաւ վարդապետութիւն Ղեւոնդի վասն ժամանակագրաց տանս Թորգոմայ, ի հրամանէ տեառն Շապհոյ Բագրատունւոյ ի փառս եւ ի գովեստ ամենաասուրբ Երրորդութեանն, որ է օրհնեալ այժմ եւ միշտ: Ամէն: Որ եւ ցանկացօղ եղեալ սորին տէր Համազասպ ի պատուաւոր ազգէն Մամիկոնեանց՝ ի հալալ արդեանց ետ հրաման ծրել փրծուն գրչիս Սարգսի: Աղաչեմ, յիշեցէք յողորմածն Աստուած. եւ նմա փառք յաւիտեանս:

Ամէն:

COLOPHON

The teaching of Ghewond regarding the chronologies of the House of T'orgom has concluded. [It was written] by order of Lord Shapuh Bagratuni for the glory and praise of the most holy Trinity which is blessed now and forever, amen. Lord Hamazasp from the honorable Mamikonean House desired [a copy of this work] and paid me, the unworthy scribe Sargis, from his legitimate funds to reproduce it. I beseech you to remember [me] to merciful God, to Whom glory forever.

Amen.

Index

'Abd al-Malik, 23; 33; 45; 51; 59.

Abu-al-Abbas al-Saffah, 147.

Africa, 147.

Aghuan(s), 25; 157-159; 217; 231.

al-Mahdi, 205; 213; 217-221; 231.

al-Mansur (Caliph), 147-149; 165; 181; 205.

al-Walid I, 59; 65; 75-77; 119-121; 127.

Amorium (city), 211.

Arab(s), 3-13; 17-23; 29; 35; 43-47; 63; 73-79; 89; 95; 127; 135; 141; 149; 163-165; 169; 173; 179; 185-193; 211; 217; 235.

Armenian(s), 9-29; 31; 43-51; 55-67; 81; 87-89; 115; 121; 127-133; 137; 147-151; 157; 161-171; 175-193; 199; 205; 211; 215-219; 229; 235-237.

Bagratuni, 21; 27; 41; 115; 149; 177; 183; 195; 239.

Biblical references,

Psalm,

37:15, 23.

79:1-3, 103.

Luke,

18:29-30, 227.

Byzantine(s), 5-13; 19-21; 27; 31; 41; 45; 59; 65; 81; 93-95; 99; 103; 135; 151; 161; 177-179; 189; 205-217.

Byzantium, 3; 7; 99; 213.

Chenbakur, 73.

Chinese, 69-75.

Christian(s), 3; 15; 23; 27; 37-39; 49; 83-85; 105-109; 161; 165; 189; 199; 223-227; 233; 237.

Constans II, 19.

Constantine III, 3; 13.

Constantine V, 135; 151; 161; 179; 205.

Constantine VI, 213-215; 235.

Constantinople, 29; 99; 107; 209.

INDEX

Damascus, 69-71; 121-123.

Dwin, 13; 59; 67; 115; 169; 173; 175; 181; 221; 231; 237.

Egypt(ian), 105; 147.

Galatia, 211.

Georgia, 25; 157; 169-171; 229-231; 235.

Hagarenes, 15.

Harun al-Rashid, 231.

Hisham, 87-115-119.

ibn al-Hakami, 89.

Ishak ibn Muslim al-Ukaili, 121.

ibn Khazim at-Tamimi, 221.

Ishmaelites, 7-11; 17; 21; 33; 41-51; 55; 59; 65-69; 73; 83; 89-97; 107-109; 115; 129; 133; 151; 169-175; 183; 211-215.

Jerusalem, 7.

Judaea, 3-7; 15.

Justinian II, 27-31.

Karin, 139; 151; 173; 177; 189.

Khazar(s), 25-29; 77; 89; 157-159; 217.

Khurasan, 69; 141; 147; 167; 181.

Maslama (general), 77-79; 91-95; 99; 103; 107; 111; 113; 117.

Mu'awiya, 19-23.

Pirate(s), 63.

Pontus, 135; 211.

Procopius (general), 9-11; 19.

Sa'id al-Harashi, 89-91; 115.

Saracens, 5; 151; 175.

Sparapet, 169; 175; 183; 195; 217-219.

Syria, 15-19; 39-41; 93; 123; 129; 141; 159; 183.

Tachiks, 19-25; 43-45; 57; 67; 143; 181.

INDEX

Taxes, 7; 21-23; 29; 53-55; 87; 93; 101; 133; 141; 147-151; 161-171; 205; 231-233.

T'e'odoros R'shtunik', 9-11.

Tikin, 45.

Vaspurakan, 17; 41; 47; 127; 153; 161; 181-183.

Yazdgerd III, 9.

Yazid I, 23.

Yazid II, 85-87.

Yazid ibn Usaid al-Sulami, 147-151; 157; 165; 203; 211.

Yazid ibn Mazyad al-Shaybani, 231.

Zarewand, 89; 161.

www.sophenearmenianlibrary.com

SOPHENE

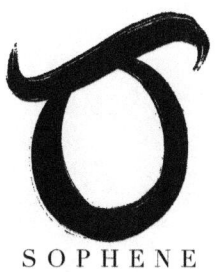

www.ingramcontent.com/pod-product-compliance
Lightning Source LLC
Chambersburg PA
CBHW021431080526
44588CB00009B/497
* 9 7 8 1 9 2 5 9 3 7 7 7 0 *